Cómo Coquetear con las Mujeres

*El Arte de Coquetear
Sin Parecer un Loco Desesperado!
Cómo Acercarse, Hablar y
Atraer a las Mujeres
(Consejos De Citas para Hombres)*

Ray Asher

Además, la información que figura en las siguientes páginas tiene fines exclusivamente informativos y, por lo tanto, debe considerarse universal. Como corresponde a su naturaleza, se presenta sin garantías sobre su validez prolongada o su calidad provisional. Las marcas comerciales que se mencionan se hacen sin consentimiento escrito y no pueden considerarse en modo alguno como una aprobación del titular de la marca.

Tabla de Contenido

Tu recurso gratuito está esperandote 1

Introducción 2

Primera parte: Fundamentos del coqueteo 6

Capítulo 1: Coqueteo 7

Capítulo 2: Cómo ven las mujeres el coqueteo 20

Capítulo 3: La mentalidad del coqueteo y los principios básicos 45

Segunda parte: En el campo 55

Capítulo 4: Observate bien a ti mismo.............56

Capítulo 5: Encontrar la mujer adecuada 75

Capítulo 6: La mecánica del coqueteo 90

Capítulo 7: Lo que se debe y no se debe hacer en el coqueteo...................................124

Tercera parte: Situaciones específicas 130

Capítulo 8: Coqueteo online 131

Capítulo 9: Restaurantes, Bares y Clubes Nocturnos 152

Capítulo 10: En el trabajo........................ 161

Capítulo 11: Con los vecinos 168

Capítulo 12: Entornos no convencionales.......174

Capítulo 13: Cómo coquetear con mujeres mayores 180

Capítulo 14: Cómo coquetear mientras se viaja
....197

Un último recordatorio antes de la conclusión
.... 210

Conclusión 212

Notas 214

Más libros de Ray Asher 215

Tu recurso gratuito está esperandote

Para ayudarte de mejor manera, he creado un sencillo mapa mental que puedes usar _inmediatamente_ para entender, recordar rápidamente y usar fácilmente lo que aprenderás en este libro.

Haz clic aquí para obtener tu recurso gratuito

Por otro lado, aquí está el enlace:

https://viebooks.club/recursogratuitomapamentaldecomocoquetearconlasmujeres

Introducción

Conseguiste este libro para un propósito específico. Algo falta en tu vida.

Quieres aprender a conocer y coquetear con las mujeres. Quieres aprender a hablar, bromear y reírte fácilmente con ellas y que te devuelvan el coqueteo. Como todos los hombres, quieres ser capaz de tener una conexión con una mujer y disfrutarla a medida que la conversación se profundiza y se hace más íntima.

¡No es tan difícil, y voy a mostrarte cómo hacerlo! Y no hablo sólo de coquetear. Voy a mostrarte cómo escuchar, responder, bromear y tocar a las mujeres de una manera que no les parezca un asco o que violas su espacio.

Pero antes de empezar, probablemente quieras saber por qué te cuento todo esto y cómo obtuve este conocimiento.

Cuando era joven, era bastante introvertido. Hablaba con las chicas del instituto pero a menudo era ignorado. Las mujeres no se interesaban por mí. No sabía cómo iniciar una conversación o cómo mantener su interés. A menudo, lo que hacía venía ignorado.

El instituto era horrible. Una nota rápida para cualquiera de mis lectores que estén en el instituto o acaben de terminarlo: el instituto es duro para todos. La persona que dijo que tus años de secundaria son los mejores de tu vida debe haber muerto el día después de su graduación. Créeme, se pone mejor. Tienes toda tu vida por delante.

Después de salir de la escuela secundaria, me fui a la universidad, que estaba a miles de kilómetros de donde crecí. Dejé atrás malos recuerdos y experiencias y llegué al campus listo para explorar un mundo completamente nuevo.

Rápidamente, caí en mis viejos hábitos de bromas que hacían que los demás pusieran los ojos en blanco y no lo tomaran tan bien. Pero en mi nuevo entorno, me di cuenta de que no estaba tratando con chicas de secundaria corriendo a clases con una sonrisa porque hablaban de la última estrella del pop. Era un nuevo grupo de mujeres, las que quieren dirigir, listas para enfrentarse al mundo y construir una carrera, y más serias del tipo de hombre con el que quieren estar.

Ahora estaba tratando con mujeres. Las reglas habían cambiado, así que necesitaba cambiar.

Aprendí mucho en la universidad sobre cómo hablar, coquetear y escuchar a las mujeres, cómo tener conversaciones que conduzcan a citas y mucho más. Para cuando me gradué, era una persona completamente diferente, segura, y lista para pasarlo bien.

Pero me llevó unos años acostumbrarme al mundo real, sobretodo cuando empecé a trabajar y empecé a interactuar con más mujeres de todas las edades. Mientras las conocía y coqueteaba con ellas, algo de lo que había aprendido en la universidad aún funcionaba, pero esto era diferente. Así que probé diferentes cosas, practiqué y vi lo que funcionaba. También vi lo que no funcionaba.

Y ahora puedo coquetear con cualquier mujer del mundo. Pero no es un superpoder. No es una cosa increíble que sólo yo sé hacer. Se trata sólo de confianza, escuchar y observar.

Primera parte: Fundamentos del coqueteo

Capítulo 1: Coqueteo

¿Qué es el coqueteo?

Parece bastante simple, pero vamos a desglosarlo.

Coquetear es simplemente hacer saber a alguien que tienes un interés en esa persona a través de la conversación, la escritura o señales no verbales. Puede ser juguetón sin un resultado real o con fines específicos como conseguir una cita.

A lo largo de la historia, la gente de todo el mundo ha usado muchas formas diferentes de coquetear.

En algunas culturas, un beso es simplemente una forma de coqueteo, mientras que en otras sociedades sólo se permite a las parejas oficiales. En el pasado, los europeos coqueteaban con el simple uso de abanicos y señales de mano. En un momento dado, en Japón, todo se hacía con los ojos y sin hablar.

Con esto puedes ver que no hay una forma perfecta y única de coquetear con las mujeres. Es diferente según el país, la cultura y, sinceramente, según la persona. Esta es una de las principales razones por las que tener un sedal o un gancho para ligar puede funcionar de vez en cuando pero, a la larga, es una forma fallida de intentar conocer mujeres. Así que, si has estado leyendo libros o artículos que afirman que tienen la "única manera" de conocer mujeres, no es cierto. Necesitas usar las herramientas que tienes así como hacer algunos ajustes para encontrar el enfoque que es genuino para quien eres.

El coqueteo es sólo una forma de cerrar la brecha entre dos personas. Algunas personas coquetean muy normalmente, es sólo una parte de su personalidad, y a veces ni siquiera se dan cuenta de que lo están haciendo. Es la forma en que a menudo se salen con la suya, y es sólo parte de su personalidad.

Para otros, puede ser un poco más difícil, y pueden necesitar ayuda para empezar.

Si estás interesado en alguien, quieres cerrar esa brecha no sólo físicamente sino también psicológicamente. El coquetear es una forma de probar las aguas y acercarte más a ellas.

Escucho a la gente decir todo el tiempo que no saben coquetear o que simplemente no pueden hacerlo. ¡Eso no es cierto! Cualquiera puede coquetear. De hecho, incluso si dices que no sabes cómo hacerlo, probablemente sí lo sabes, sólo que no te has dado cuenta.

¿Cuál es tu objetivo?

Quieres que ella quiera seguir hablando contigo. Es el modo como vas a conseguir su número de teléfono o como haras que la tarde progrese.

Ahora, si tu objetivo es tener sexo, está bien, pero no puede estar en primer plano cuando te acercas a una mujer y coqueteas con ella. Ella va a ser capaz de darse cuenta porque no estás mentalmente en ese momento con ella, y estás pensando en algo que puede o no suceder. Especialmente no va a suceder una vez que ella se dé cuenta de que eso es todo lo que está en tu mente.

El coqueteo también puede alegrar tu día y el de otra persona. Inténtalo alguna vez. Una sonrisa amistosa y algunas bromas fáciles pueden hacer una gran diferencia en el día de alguien. Eso no quiere decir que las mujeres - o los hombres, para el caso - quieran ser abordados todo el tiempo, pero un poco de amabilidad, adulación y juego puede ayudar mucho a levantar el ánimo de alguien.

Tipos de coqueteo

Puede que no lo creas, pero incluso los científicos se han metido en el acto y han analizado el coqueteo. Un estudio de la Universidad de Kansas con casi 10.000 personas estudió cómo coquetean y los dividió en cinco categorías [1]:

Coqueteo tradicional

Un buen coqueteo a la antigua. Bromas, guiños, sonrisas y palabras inteligentes para establecer una conexión con la otra persona y avanzar hacia una conversación o cita más larga.

Coqueteo Físico

Este es el simple coqueteo físico. Tocar una rodilla o un brazo, pero no de una manera demasiado sexual o incómoda. Se trata de hacer una conexión física.

Conqueteo Sincero

Es cuando haces un cumplido o un comentario sobre algo en lo que realmente crees. Se trata de encontrar un terreno común y compartir con la otra persona. Puede que se trate de ir a hacer shopping o algo que estén haciendo, pero siempre es genuino.

Coqueteo Juguetón

El coqueteo juguetón se trata más bien de disfrutar del acto de coquetear. Algunas personas ni siquiera se dan cuenta de que lo están haciendo. Es como si estuviera entretejido en la personalidad. Seguramente has conocido a chicas como esas que coquetean con todo el mundo, a menudo para salirse con la suya. No siempre es algo malo, pero puede ser usado de manera manipuladora.

Coqueteo Educado

A veces esto ni siquiera se ve como un coqueteo. Ser amable, es en realidad una forma de presentarse a sí mismo y quien eres. Pero ten cuidado. Si eres demasiado sutil, ni siquiera se darán cuenta de que lo estás haciendo y puede que no te presten atención. Cuando quieres llamar la atención de alguien, debes ser lo suficientemente atrevido para que se de cuenta y no tan sutil que ni siquiera se de cuenta de lo que estás haciendo.

¿Por qué funciona el coqueteo?

El coqueteo funciona porque todo el mundo quiere hacer una conexión. Incluso si alguien no va a ir a casa contigo esa noche, no significa que no puedas disfrutar de un buen coqueteo a la antigua.

La verdad es que todos coqueteamos en nuestra vida diaria, aunque sólo sea con una sonrisa. No tiene por qué ser romántico; puede ser para otros propósitos.

¿Alguna vez le has sonreído a un camarero para conseguir un *chupito* extra de expreso? ¿O has felicitado a alguien del Departamento de Vehículos Motorizados (DMV por sus siglas en inglés) esperando que te ayuden con un pequeño problema? Bueno, ¿adivina qué? Has estado coqueteando.

Las mujeres lo han estado haciendo desde los albores del hombre. ¿Cuántas chicas conoces que hayan safado de una multa de tráfico con un guiño y una sonrisa sexy?

Funciona porque todo el mundo quiere tener esa sensación de calidez cuando se hace una conexión. Y en ningún lugar es esto más relevante que cuando estás hablando con una mujer hermosa.

Coquetear es la forma de hacer saber a alguien que estamos interesados en esa persona. Es la base del fuego sexual. Esos momentos de asombro, conocer a alguien, el atractivo del extraño que está interesado, pone en marcha las hormonas y feromonas.

De eso trata todo esto, de avivar el fuego con el coqueteo.

¿Por qué la mayoría de los hombres son tan malos para coquetear?

Un reciente estudio universitario reunió a 52 parejas de hombres y mujeres y les pidió que hablaran entre ellos. Después, los individuos fueron interrogados sobre sus experiencias y cómo interactuaban con su pareja [2].

Una cosa interesante que surge es que muchas mujeres ni siquiera se dan cuenta cuando un hombre ha estado coqueteando con ellas. Hay varias razones para esto. Tal vez la mujer estaba demasiado preocupada por algo en el trabajo. Tal vez no era buena reconociendo cuando el coqueteo estaba en marcha. O tal vez el hombre era tan sutil que el coqueteo era difícil de ver.

Entonces, ¿por qué los hombres son tan malos para coquetear?

Parte de ello es el miedo. Los hombres mantendrán su coqueteo extremadamente discreto y sutil porque no quieren ser avergonzados. La mujer podría no responder de la manera que esperaban o llamarlos y avergonzarlos.

Hay una zona de seguridad para coquetear muy sutilmente porque si no funciona, fácilmente se puede decir que es una broma amistosa.

También es porque no escuchan y cambian su plan de juego a medida que obtienen más información. Con mucha frecuencia, los hombres se acercan a una mujer con un enfoque específico, y cuando no funciona, se paralizan. No tienen la suficiente confianza en sí mismos como para cambiar de dirección y seguir la corriente de la conversación. Piensan que sólo tienen una o dos cosas que pueden hacer o decir cuando, en realidad, ¡tienen opciones casi ilimitadas!

¿Por qué es importante coquetear?

Lo primero y más importante es cómo se conoce a una mujer. Es cómo puedes romper las paredes iniciales y descubrirlas como persona y construir la base para conseguir su número, ir a una cita y más allá.

Cuando alguien coquetea, es una oportunidad de ver dentro del funcionamiento de su mente y experimentar cómo interactúa. Por eso es tan importante ser observador. Literalmente te está dando todas las pistas que necesitas para conocerla, impresionarla y hacer que se ponga de pie.

Además, ¡es divertido! ¿A quién no le gusta dar y recibir atención?

También estás creando anticipación. Puede que acabes o no acostándote con esa mujer, pero el juego del coqueteo está creando una acumulación. Se trata de la emoción de la caza.

El arte de la seducción

La seducción simplemente se trata de una energía que hace que la persona con la que estás hablando se sienta cómoda y acercar esa conexión cada vez más. Se trata de la psicología.

La gente responde a la energía que se gasta en ellos. Solemos decir que la seducción son las flores, el vino y una cena romántica. Eso puede ser parte de ello, pero es mucho más.

Se trata de crear un ambiente a través de tus acciones y palabras que haga que una mujer se sienta segura e importante al mismo tiempo. En ese momento, no hay nadie más en el mundo tan central como ella para ti y ella te corresponderá.

Hay una serie de puntos importantes para la seducción si se quiere que funcione correctamente:

Presentación

Tienes que presentarte como un buen partido. Para que ella caiga completamente seducida, necesita creer que vale tu tiempo, mente y cuerpo.

Escuchando

Sirve para varios propósitos. No sólo la conoces para ver si quieres perseguir a esta mujer, sino que también aumenta su confianza en ti porque estás escuchando lo que dice.

Además, te proporciona una lista de cosas para discutir, perseguir y bromear. Cuanto más aprendas sobre ella, más municiones tendrás. No continúes con una cierta línea de preguntas si aprendes nueva información sobre ella. No sólo te abre oportunidades, sino que también muestra que estás realmente involucrado en la conversación.

Seguridad

Para que una mujer "se deje llevar" física y emocionalmente, necesita sentir un cierto grado de seguridad. No sólo que no la vas a secuestrar o hacerle algo horrible, sino que no la vas a lastimar emocionalmente.

Tus palabras, acciones e incluso tu presencia necesitan crear un espacio seguro donde ella pueda abrirse y dejarse llevar por su vulnerabilidad. Esto es cierto cuando se conocen por primera vez, en la primera cita e incluso en una relación. La confianza es muy importante.

Despacio. Despacio. Despacio.

La seducción es como una relación, aunque en una escala mucho más pequeña. Se trata de la anticipación.

Para que una mujer se sienta seducida de una buena manera, necesita sentir que se mueve a través de etapas. Las mujeres no quieren sentir que han pasado por una aventura de una noche o una cita. Quieren disfrutarlo y sentir que están atravesando un proceso. Quieren el romance, la sensación de esfuerzo en una situación sin esfuerzo.

Capítulo 2: Cómo ven las mujeres el coqueteo

Los hombres y las mujeres están conectados de forma diferente. Es sólo un hecho biológico.

En un nivel primario, los hombres buscan ciertas cosas, mientras que las mujeres buscan algo diferente.

Desde los primeros días de la sociedad humana, las mujeres han buscado cosas en sus parejas potenciales que marcarán casillas específicas en su lista interna. Protector, reproducción y proveedor. Está en un nivel básico, y eso es lo que determina su atracción y a quien responderán.

Cómo funciona la mente y el cuerpo de una mujer cuando se trata de un romance

Contrariamente a la creencia popular, no todas las mujeres son románticas. Pero la mayoría lo son.

Muchas tienen lo que podría considerarse como cualidades más masculinas o son más lógicas en su enfoque del romance, pero la verdad es que la mayoría de las mujeres, no importa cuán cerradas o duras puedan ser por fuera, todavía tienen un lado romántico que tiene que considerarse.

Una mujer romántica quiere experimentar el mundo con su hombre. Quiere tener un compañero que la proteja pero que al mismo tiempo comparta experiencias con ella.

Las mujeres quieren sorpresas y misterio. Quieren que su hombre les muestre que se preocupa y que está interesado.

Cómo coquetean las mujeres

Cuando se trata de coquetear, las mujeres van a dar muchas señales para mostrar que están interesadas. Por sí solas, estas señales pueden no parecer muy importantes. Si una mujer hace sólo una de estas cosas, no significa que esté coqueteando. Pero si prestas atención y notas que aparecen algunas de estas señales, entonces sabes que ella está interesada en ti.

Primero, busca el contacto visual. Con las mujeres, la charla está en los ojos. Si estás teniendo una conversación con ella y notas que te está mirando de pies a cabeza, es una buena señal de que le has causado una impresión, y está interesada.

A continuación, busca una sonrisa. La sonrisa puede ser difícil. Algunas mujeres sonreirán para ser amables o para ser educadas, pero si la sonrisa va de un oído al otro y no desaparece, entonces lo más probable es que estén coqueteando contigo.

Otra cosa a considerar es si te tocan o no. Las mujeres que no tienen interés en la persona con la que están hablando mantendrán esas manos quietas y muy probablemente cerca de sus lados. Pero si notas que está tocando ligeramente tu brazo, rozándote o dejando que toques sus piernas al sentarte, es definitivamente una buena señal.

Las mujeres también tienden a llamar la atención sobre las partes más privadas de sus cuerpos mientras coquetean. No, no *esas* partes privadas. Las que son legales para mostrar en público. ¿Se ha cepillado el pelo a un lado y ha dejado su cuello expuesto? ¿Sigue pasando los dedos por la parte interna de su muñeca? Si es así, podría estar coqueteando. Esos movimientos son para atraer la atención a partes de su cuerpo que no suelen estar expuestas durante la conversación. Es un intento de mostrar un pequeño nivel de vulnerabilidad y confianza más allá de la norma, lo que significa que podría estar tratando de hacerte saber que está abierta a algo más íntimo que la conversación.

También puedes mirar el pelo. Cuando una mujer está coqueteando, tal vez porque está nerviosa, es más probable que le dé vuelta el cabello. Esto es

más bien un hábito inconsciente que significa que
o bien sienten curiosidad por ti o están abiertas a
tus avances.

Muchas mujeres mostrarán su interés tratando
de tener bromas vivas y riéndose de tus chistes.
Escucha la risa. Si es realmente genuina, no está
siendo educada. Le gustas y disfruta de las cosas
que dices, aunque sepa que tus chistes no son
graciosos.

Finalmente, otra cosa que hay que buscar es la
dirección en la que se encuentra. Si una mujer no
está tan interesada, puede mirar hacia fuera y
lejos de ti, como si estuviera lista para irse.
Cuando enfocan su cuerpo y su energía hacia ti,
es una señal de que están abiertas e interesadas.
Mira sus pies y observa a qué posición están
apuntando. Esto te ayudará a determinar si hay
algún interés o no.

¿Qué hace que los hombres sean atractivos para las mujeres?

Más allá del gusto personal, algunas cosas
universales también atraen a las mujeres.

Obviamente, a algunas mujeres les gustan los hombres altos, a otras los bajos, a otras los musculosos y a otras los delgados. Algunas mujeres se desmayan por el pelo oscuro, mientras que otras prefieren ciertos tonos de piel. Para algunas de estas cosas, no hay nada que puedas hacer al respecto, pero hay otras cosas que puedes hacer que te harán más atractivo para las mujeres en general.

He escrito un libro entero sobre el tema, **_Cómo atraer a las Mujeres_**. Te insto a que lo revises para tener una visión completa de cómo puedes ser más atractivo para el sexo opuesto.

Aquí hay algunas cosas básicas que las mujeres buscan en una pareja potencial:

Seguridad

Quieren saber que estás ahí para ellas. No significa que vayas a ser su cavernícola y las protejas de los animales salvajes. Significa que pueden confiar en ti y estar seguras de que no les harás daño (mental o físicamente) o las engañarás.

Química

Esto es muy sencillo. Quieren chispas. Quieren sentir las mariposas en su estómago cuando te ven y la electricidad entre ustedes cuando le acaricias el pelo.

Mucha gente piensa que la química simplemente sucede o no sucede. Es muy cierto que puede haber química inmediata desde casi la primera vez que se miran los ojos. Sin embargo, otras veces podrías necesitar ayudar un poco a la química. No dejes que esta sea tu excusa para molestar y acosar constantemente a una mujer. Pero a veces, algunos coqueteos cuidadosamente colocados durante unas pocas semanas pueden ayudar a la mujer a abrirse a tus avances. Si tratas de abrirte paso con ellos y te siguen rechazando, entonces es hora de seguir adelante.

Permanencia

Quieren saber que tendrán su vida juntos o al menos que tienen planes. Esto también se aplica a la relación. No quieren drama y una relación inestable. Quieren que seas una roca.

La permanencia también podría ser tan simple como saber que no eres un jugador. Puede que sólo quieran saber que estás en el momento con ellas y que no has estado trabajando en el bar y que ya tienes programado tener sexo más tarde. La permanencia con una mujer puede significar que sólo estás interesado en ella en ese momento.

Igualdad

Una mujer quiere que la trates por igual. Atrás quedaron los días en que el status quo era una mujer que se quedaba en casa esperando con las zapatillas y la bebida al hombre. Quieren saber que las respetas y las apoyas en cualquiera de sus metas.

Puede ser una conversación, una perspicacia o simplemente el respeto por sus pensamientos e ideales. Además, coquetear y tener una conversación con alguien a quien consideras (y está) a tu mismo nivel es mucho más divertido, satisfactorio y, con toda honestidad, avanzará mucho más rápido.

Pasión

Las mujeres aman la pasión, y no se trata sólo del dormitorio. A las mujeres les encanta que te apasionen las cosas. No sólo ella, sino también tu trabajo, tu familia, tus metas e incluso tus hobbies, siempre y cuando no dominen completamente tu vida. Las mujeres apoyarán esto y lo encontrarán sexy.

Inteligencia

Mostrar los diferentes lados de tu inteligencia puede ayudarte a impresionar a una mujer. Conocerla hará la diferencia en lo bien que te reciba. Algunas mujeres están interesadas en un hombre que pueda cambiar una llanta y arreglar algo en una casa. Otras mujeres pueden estar más interesadas en alguien que pueda recitar Shakespeare e impresionar a sus amigos en eventos sociales. Aprender qué partes de tu inteligencia son las más importantes para esa mujer en particular marcará la diferencia.

Creatividad

Así como hay diferentes tipos de inteligencia, también hay diferentes tipos de creatividad. La creatividad puede ser escribir, pintar, esculpir, actuar, decorar un hogar y todas las demás manifestaciones "tradicionales" de la palabra. Pero también puede incluir el pensar de pie, encontrar soluciones fuera de lo común y ser capaz de llegar a compromisos aceptables en desacuerdos acalorados. Todos ellos muestran que un hombre puede pensar de manera única y encontrar las respuestas no tan obvias, algo crucial para la supervivencia. Diferentes mujeres se impresionarán con diferentes tipos de creatividad, y muchas mujeres se impresionarán con múltiples tipos de ella. Al igual que con la inteligencia, sólo se necesita primero conocer a la mujer.

Confianza

La confianza puede ser percibida como un nivel general de comodidad y seguridad al interactuar con las mujeres. Por lo tanto, debes tener el control de tus emociones y tu capacidad de comunicación. Además, no debes parecer estar ansioso o desesperado por conectarte de alguna manera.

A las mujeres les encanta esto. No hay nada más sexy que la confianza. Sin embargo, no te dejes llevar por la arrogancia o el exceso de confianza. Esto es un asesino.

La confianza es una parte tan importante de la interacción con las mujeres, que me verás volver a ella una y otra vez, a través de mis libros.

¿Está coqueteando de nuevo?

Puedes coquetear todo lo que quieras, pero si no sabes si funciona, no sirve para nada, ¿verdad?

Busca las señales de que le gustas o que está coqueteando contigo.

- **Busca la mirada lateral.** Intentará echarte un vistazo cuando crea que no te das cuenta. Vigila esa mirada cuando esté tomando su bebida o si se está alejando de ti.

- **El tirón de pelo.** Se ha bromeado sobre ello durante años, pero eso es porque es verdad. El tirón de pelo es un signo antiguo de que está interesada. Además, fíjate cuando se tuerza o juegue con él.
- **Una sonrisa genuina.** Una sonrisa genuina cambia y es difícil de deshacerse de ella, como si fuera una especie de risa. En contraste con una "sonrisa defensiva", que puede aparecer enyesada y ser encendida y apagada como un interruptor.
- **Inclinarse hacia ti.** Cuando alguien, no sólo las mujeres, está interesado en una conversación y la persona, tiende a inclinarse hacia adelante sin siquiera saberlo.
- **Tocarte.** Si te toca el brazo o la pierna, significa que está interesada en ti. Cualquier conexión física (que no sea un gancho de derecha a la mandíbula) es una gran señal. Incluso si es mientras se ríe o se apoya en ti para arreglar una prenda de vestir o ajustar su zapato. Si le gustas, va a encontrar razones para tocarte.
- **Compromiso.** Busca si asiente con la cabeza mientras hablas o ríes y reacciona

en los puntos adecuados. Esto significa que le gusta mucho lo que dices y la persona que lo dice.

- **Lenguaje corporal.** ¿Sus piernas están alejadas de ti? ¿O sus brazos están doblados sobre su pecho e inclinados hacia afuera? Estas son posiciones defensivas, y son señales de que está siendo educada, pero no de que le gustes. Si su lenguaje corporal es más abierto y se vuelve hacia ti, es una señal de que está interesada.

- **Susurrar en tu oído.** A menos que te diga que te vayas, esto siempre es una buena señal.

- **Elogios legítimos.** En algunos casos, las mujeres te mostrarán que están interesadas haciéndote muchos cumplidos. Echa un vistazo a esto y mira con qué tipo de cosas te está elogiando, si se está esforzando en elogiarte y si lo hace para coquetear o sólo para mostrar su interés.

¿Está coqueteando o sólo es amigable?

A veces es difícil saber si la mujer con la que estás hablando está coqueteando o sólo es una persona muy amigable. Admitiré que hay veces que incluso he caído en esta trampa. Pero si manejas bien la situación y buscas las señales, serás capaz de averiguarlo.

- **Presta atención al contacto visual.** Si es intenso y dura mucho tiempo, lo más probable es que esté coqueteando contigo y no sólo siendo amigable.
- **Contacto físico.** Cuanto más te toca, más sabes que no es sólo una conversación agradable.
- **Cómo va la conversación, importa.** Si dirige la conversación hacia otros temas sobre ti, tu vida y cosas más profundas, entonces pasa de ser una amiga a un coqueteo, especialmente si se vuelve hacia el tema del sexo.
- **Busca las señales cuando no esté hablando.** No sólo el tocar, sino también movimientos juguetones como tocar su pelo, sus labios, ajustar la ropa o incluso

estar un poco inquieto pueden ser signos de coqueteo y excitación.

- **Deja muy claro que es soltera.** Quiere asegurarse de que sepas que está en juego. Es como cuando una chica hace saber que tiene un novio, quiere que esa información salga a la luz.
- **Ella se burla de ti.** Esta es un poco difícil porque puede ir en cualquier dirección al principio de la conversación y el coqueteo. Si no le gustas, puede que se burle como mecanismo de defensa. O puede ser una manera de acercarse a tu verdadero yo. La experiencia te ayudará a aprender, pero puede que tengas algunos comienzos en falso. No dejes que te deprima.
- **Mira sus pies.** En serio. ¿Están apuntando hacia ti o hacia fuera? La gente se vuelve naturalmente hacia alguien con quien está interesada en hablar. Si sus pies apuntan hacia ti, es una señal de que su cuerpo lo hace. Si están apuntando en dirección contraria a ti, su lenguaje corporal se cierra, y puede que no te vaya muy bien.

Las pruebas que te hará

Entonces, ¿eso es todo? Sólo sé encantador, escucha y las mujeres coquetearán, y todo será de oro, ¿verdad?

No tanto. Las mujeres te van a probar. Podrían ver si quieren salir contigo, o si sólo van a dormir contigo o incluso si sólo van a besarte. Así que hay diferentes pruebas que te harán en secreto, y probablemente ni siquiera lo sepas.

Cada mujer es diferente, y algunas te están probando subconscientemente, sin ser completamente conscientes de que lo están haciendo. Si eres consciente, puedes estar atento a estas pruebas y no sólo pasarlas sino usarlas para ver si la mujer que te interesa vale tu tiempo.

La prueba "En el momento"

Una mujer quiere saber que estás ahí con ella, física y mentalmente. Si te concentras en el trabajo, el resultado deportivo, tus textos o las redes sociales, ella no se va a impresionar. Si sólo estás pensando en cómo llevarla a la cama, ella se dará cuenta.

Quiere un hombre que le dé la atención que siente que merece y que esté presente en el momento con ella. Así que, dale tu atención y escucha. Responde y haz preguntas porque con este test, ella tiene toda la razón.

La prueba "de valor"

Una vez hablé con una mujer que dijo que yo era lo suficientemente grande como para golpear a cualquier tipo en el bar. Ahora, sinceramente, aunque he estado en mi justa medida de peleas, no soy un gran fan de la violencia. Puedo y voy a defenderme y lo he hecho en varias ocasiones, pero no soy de los que buscan pelear.

Pero esta mujer decidió intentar crear una pelea con otro tipo en el bar y hacer que yo fuera a su rescate diciendo que le daría una paliza al tipo. Tuve suerte porque el tipo me miró y se echó atrás, pero también sabía que había terminado con esa mujer.

Intentaba hacerme la prueba de valor, pero lo hacía de manera que me mostrara sus verdaderas intenciones. Intentaba manipularme para ver si yo la protegía pero también para hacer lo que ella quería. Y yo no juego a ese juego.

Sin embargo, hay otras ocasiones en las que se da la prueba de valor, y normalmente, cuando se hace de forma orgánica, es una gran victoria para ti. Si se produce un evento en el que realmente puedes mostrar tu valor o valentía, una pelea real, sacarla del peligro o incluso simplemente matar a una araña a la que le teme, será un largo camino para pasar la prueba. Además, sabrás que es legítimo porque actuaste instintivamente y no por que ella estuvo tratando de tenderte una trampa.

La prueba de pensamiento

Las mujeres quieren un hombre que piense en ellas pero que no dependa de su atención. Por lo tanto, a menudo pondrán a prueba tu capacidad de pensar o lo bien que recuerdas y reaccionas a ciertas cosas. Los pequeños gestos ayudan mucho. Recordar eventos o días difíciles puede causar una verdadera impresión. Contrariamente a lo que la mayoría de la gente piensa, una mujer se verá mucho más impactada por un regalo significativo o un comentario veraz y bien intencionado que por una cena o un coche llamativo o regalos.

Algo que debes hacer es prestar atención a lo que están bebiendo. No importa si es en un bar, un restaurante o una cafetería. ¿Pone hielo en su bebida? ¿Le gusta un toque de lima en su bebida? ¿O un poco de crema en su café? Vigila esto e inicia a limarlo.

Entonces, cuando surja la próxima oportunidad, ya sea para conseguir recambios o la próxima vez que la veas, ofrecete para conseguirle una bebida y usar la información que tienes. Nunca lo asumas, siempre pidelo. Esto le demuestra tres cosas: escuchas, eres considerado y no eres presuntuoso.

La prueba del buen hombre

Lo escucho todo el tiempo. "Los hombres son perros". No niego que muchos lo son, pero hay algunos hombres buenos por ahí. Unos que no hacen trampas, unos que tratan bien a las mujeres. Pero la mayoría de las mujeres se han topado con tantos tipos que actúan como niños que empiezan a asumir que así son todos los hombres.

Por lo tanto, ella va a probarte para tratar de averiguar si estás ocultando algo. Te hará preguntas sobre tu vida (a menudo de forma codificada) para saber si te gusta salir con los chicos, ir a bares, tener muchas novias o tener muchas citas.

No es el momento de contarle historias de aventuras de una noche y noches de borrachera con tus amigos. Hazle saber que te gusta divertirte, pero que sabes que no sólo hay un tiempo y un lugar sino una forma adecuada de comportarse.

La prueba de los celos

Esta es otra prueba que te dirá mucho sobre la mujer en la que estás interesado. A algunas mujeres les gusta el drama que surge de los hombres celosos y la emoción de pelear por ella (observa la historia anterior sobre mi experiencia con el Test de Valor). Personalmente, creo que estas mujeres son una pérdida de tiempo y energía, y aunque puede ser divertido hablar con ellas durante unos minutos, al final, se convertirán en una pesadilla.

Estas son las mujeres que te dirán cómo alguien más estaba coqueteando con ellas para obtener más atencion de ti. Puedes pensar que sería divertido llevarlas a casa para una gran noche de sexo, pero te advierto que a la mañana siguiente o la próxima vez que te vean, esta mujer va a ser pegajosa y manipuladora. Estas son mujeres que prosperan con el drama.

Sin embargo, hay algunas mujeres que usan esta prueba correctamente. No quieren un hombre celoso, así que sólo quieren ver si reaccionas. Se trata más de ver que eres maduro y puedes manejar una interacción adulta. Así que asegúrate de saber exactamente cuáles son sus motivos antes de decidirte a alejarte.

La prueba de la paciencia

Algunas mujeres quieren ver lo serio que eres. Puede ser a largo plazo, como no devolver los mensajes de texto o las llamadas, o puede ser que en el bar te haga esperar toda la noche para ver si sigues esperando.

Esta puede ser difícil. Quieres mostrar que tienes interés, pero al mismo tiempo, no quieres parecer tan desesperado. En el ámbito del coqueteo, siempre se debe estar feliz de hablar con ella, pero nunca perseguirla.

La prueba de la burla

Esta es una prueba que algunas mujeres usan para ver cuán gruesa puede ser tu piel. Se burlarán de ti sobre un sujeto para medir cómo reaccionas. ¿Te burlas o te ofendes y te vuelves loco? ¿O puedes aceptar una broma?

Esto les dice lo sensible que eres, pero también puede decirte un poco sobre ellas. Dependiendo de cómo se burlen, puedes ver más profundamente su personalidad real. ¿Son despreocupadas o las burlas se vuelven crueles y degradantes? Esto puede ser un signo de que una mujer está tratando de hacer un juego de poder. Puede ser una señal de su personalidad o una señal de que está jugando contigo antes de rechazarte. O podría ser una mujer desagradablemente sarcástica.

La prueba del tiempo libre

Eventualmente, la conversación puede girar hacia tus hobbies y lo que haces en tu tiempo libre. Lo que respondas va a determinar cómo te ve ella. Si le dices que coleccionas historietas, puede imaginarte automáticamente viviendo en el sótano de tus padres. Pero si le dices que te gusta pasar tiempo en la naturaleza, escalar y hacer senderismo, te verá de forma diferente. Esto no significa que debas mentir sobre lo que haces, pero tal vez consideres una forma diferente de explicarlo. Decirle a la chica que te gusta coleccionar historietas puede no darle la imagen que quieres. En su lugar, destaca algunas de las cosas positivas que te gusta hacer.

Asegúrate de que tu tiempo libre suene emocionante y que sea algo que ella crea interesante. Cuanto más crea que sería divertido unirse a ti, ¡más rápido pasarás esta prueba!

La prueba del detector de mentiras

Las mujeres odian a los mentirosos. Tacha eso... todo el mundo odia a los mentirosos. Así que, naturalmente, puede llegar un momento en que la mujer con la que coqueteas decida probar tu honestidad. Intenta no tomarte esto como algo personal. Más que nada, es un mecanismo de autodefensa construido sobre las espaldas de muchos imbéciles mentirosos que vinieron antes que tú.

Esta prueba es una de las más difíciles de reconocer ya que se desliza tan fácilmente en cualquier conversación. Escncialmente, encontrarás un punto en la conversación donde puedas deslizarte naturalmente en una referencia a algo que mencionaste antes pero con un giro. Si no corriges la discrepancia, ya sea a través de una corrección suave pero directa o arreglando sutilmente el detalle de tu respuesta, entonces ella se dará cuenta y continuará la conversación de forma más cautelosa que antes. Incluso podría encontrar una manera de alejarse de ti por completo si considera el incidente una ofensa lo suficientemente grande.

Este test puede decirte mucho sobre la mujer con la que estás coqueteando y sobre ti mismo. Si ella te hace este test, probablemente ha tenido problemas con los mentirosos en el pasado. También podría tener problemas de confianza.

Capítulo 3: La mentalidad del coqueteo y los principios básicos

Entonces, ¿cómo puedes tener éxito en el coqueteo y cómo empiezas?

Los principios básicos del coqueteo

Hay literalmente millones de formas de coquetear con una mujer. No sólo diferentes estilos como el verbal y no verbal, bromas, contar historias y chistes y mucho más, sino porque cada hombre, mujer y situación son diferentes. Lo que

funciona para ti puede no funcionar para alguien
más.

Esa es una de las cosas que siempre me excita de
iniciar una conversación con una mujer. Nunca sé
cómo será ella. Puedo sentir mi adrenalina
bombeando incluso después de todo este tiempo.
¡Nunca envejece!

Definitivamente hay principios y reglas básicas
que debes cumplir para tener éxito en el coqueteo
con las mujeres.

La mentalidad

Tienes que tener una cierta mentalidad cuando
coqueteas. Estando en el lugar correcto de tu
cabeza, reaccionarás de manera diferente, estarás
en el momento y tendrás éxito.

Abundancia

La primera parte de una mentalidad de coqueteo
exitosa es creer en la abundancia.

Todo lo que significa es que te das cuenta de que
hay un sinfín de mujeres ahí fuera y no hay razón
para que no puedas tener éxito con todas ellas.

Piénsalo así. Cuando sales a una entrevista de
trabajo, ¿crees que no hay forma de que lo
consigas, que es mejor que te quedes en casa y por
qué molestarte a intentarlo? ¡Claro que no!

Entras en esa entrevista con el mejor pie
adelante, orgulloso de tus logros y listo para ser la
mejor persona para el trabajo. Eres positivo y
seguro de ti mismo. ¡Por supuesto que con ello
querrán contratarte!

¡Es lo mismo con las mujeres! Tienes que tener la
mentalidad de que cualquier mujer con la que
hables se interesará en ti. No se trata de
arrogancia, sino de darse cuenta de que tienes
muchas oportunidades. Tu confianza se
disparará, y verás éxitos que nunca imaginaste.

Manténte alegre

Coquetear es como jugar. No puedes ponerte
demasiado serio u ofendido. Si dices algo que

suene como si te estuvieras cerrando, está bien. Sólo sacúdete. Si te dice que no está interesada, está bien. ¿Qué has perdido?

Es divertido

Deberías estar disfrutando esto. Es algo divertido. ¡Estás hablando con una mujer hermosa y la haces reír, sonreír y empezar a enamorarse de ti!

Concentrate en el momento. Disfruta de lo que estás haciendo y relájate. Es sólo una conversación, y vas a estar bien.

Nunca seas engreído

No te hagas el tonto. Todos hemos hecho chistes sobre el tipo con colonia, camisa de seda y cadenas que cree que es un regalo de Dios para las mujeres. Se acerca a ellas en la barra, tira una línea y se ajusta el peluquín pero luego culpa a la mujer cuando ella lo rechaza.

No seas este tipo. Pero no te vistas así, ¿ok? ¿Cómo podrías ser ese tipo?

Bueno, puedes seguir siendo demasiado confiado y arrogante aunque no te vistas así por fuera. Las mujeres pueden notar la no sinceridad. Ten confianza en ti mismo, pero sé tú mismo. Eres una gran persona con mucho que ofrecer.

Cómo tener éxito en el coqueteo

Varias claves son vitales para tener éxito en el coqueteo. Ya he mencionado algunas, pero no puedo exagerar lo importantes que son.

Relájate

Necesitas estar relajado, hombre. Necesitas actuar como si esto fuera lo más fácil que hayas hecho. Te prometo que será mucho más fácil.

De hecho, se convertirá en una segunda naturaleza. Habrá un punto en el que tendrás una conversación coqueta con una chica, tendrás su número y honestamente ni siquiera recordarás lo que hiciste. Es como cualquier habilidad. Practica hasta que se convierta en memoria muscular. Ni siquiera tendrás que pensar en ello.

Sé genuino

Sé tú mismo, quienquiera que seas. Ahora, si el verdadero tú es un tipo grosero, ruidoso, odioso y vulgar, tal vez quieras volver a encontrate a ti mismo. Claro, hay chicas que son así, pero si buscas atraer a más mujeres (y, honestamente, a la gente en general), tal vez quieras reconsiderar algunos de tus valores fundamentales y cómo ves el mundo.

Sé atento

Ya sea por el tema, lo que digas o incluso por tocarla apropiadamente, debes ser atento. Busca pistas de que ella está respondiendo a lo que dices. El lenguaje corporal puede decirte si está ofendida o interesada.

Una buena regla general es evitar el contacto hasta que parezca estar cómoda. Incluso entonces, un ligero toque en el hombro o el brazo podría estar bien. Sin embargo, sería mejor esperar a que ella inicie el contacto. Si la tocas primero, no sólo puedes asustarla, sino que también puedes hacer que te de una bofetada por acoso sexual. Por lo tanto, vale la pena ser un poco más cuidadoso en evitar el contacto no deseado.

Cómo no quedar como un asqueroso

Le pasa a los mejores de nosotros. Una línea mal entendida o una mirada fuera de contexto y de repente te etiquetan. Eres un asqueroso.

A veces será toda tu culpa. Sólo acéptalo. Incluso admitiré que todavía me pasa de vez en cuando. Normalmente, es un malentendido o algo completamente fuera de mi control. Incluso puede ser algo de su pasado con lo que no tuviste nada que ver.

Una vez, hice algunos comentarios completamente normales pero un poco coquetos a una mujer agradable, pero rápidamente se dio vuelta y se excusó, y ese fue el final de todo. Por su respuesta, supe que no estaba cómoda.

Más tarde esa noche, hablé con una de sus amigas, y me dijo que se sentía incómoda conmigo y que se sentía un poco asustada. No lo entendí porque no había dicho nada que pudiera ser tomado como un poco ofensivo. Su amiga me aseguró que no era nada que yo hubiera hecho. En cambio, ella tuvo una mala ruptura con un ex, y aparentemente, me parecía mucho a él.

No había nada que pudiera hacer al respecto, y no la culpo. Pero esto demuestra que a veces las cosas están fuera de tu control y una mujer puede no reaccionar positivamente. No es tu culpa.

Así que asegúrate de hacer todo lo que puedas para eliminar el *Factor Creep*.

- Lo primero y más importante: No significa No. No importa si es cuando empiezas a hablar con ella, más tarde por la noche o si las cosas se están volviendo íntimas. Si ella dice que no o se detiene, escucha inmediatamente.
- No la mires fijamente desde el otro lado de la habitación. Muéstrale una mirada, a ver si responde, pero no la mires fijamente.
- No te preocupes por su apariencia. No hagas comentarios constantes sobre su cuerpo o ciertas partes. Ella no va a

responder de la manera en que piensas. Sin embargo, una vez que llegues más lejos en tu conversación, podrás hacer más comentarios sexuales, pero primero necesitas la base de que no eres un asqueroso, así ella tomará los comentarios con un espíritu divertido.

- No mires fijamente o mires de reojo a ciertas partes del cuerpo.

- Sé orgánico al hablar con ella. No te apresures a preguntar sobre el estado de la relación o el sexo. No fuerces tus propios temas.

- Ten mucho cuidado con la presencia física. No te pares sobre ella ni la acorrales contra la pared. Asegúrate de que no se sienta atrapada o indefensa.

- No te muevas por la habitación tirando coqueteos. Las mujeres son muy observadoras, y ella lo sabrá.

- No la pongas en un pedestal o hagas comentarios cursis sobre ella. Las frases de conquista siguen siendo frases de conquista y, para la mayoría de las mujeres, bastante espeluznantes.

- Nunca toques a una mujer a menos que esté estrechando tu mano hasta que llegue a un punto de la conversación en el que sea apropiado y aceptable.

Segunda parte: En el campo

Capítulo 4: Observate bien a ti mismo

La forma en que te presentas en la vida cotidiana es tan importante como las palabras que salen de tu boca.

Así que, observate bien a ti mismo, el paquete completo. No tienes que andar por ahí con trajes caros con un Rolex y un coche llamativo. Se trata de la presentación, la confianza, la autoestima y el autocuidado.

Higiene

Parece tan simple. Higiene básica. Todos lo hacemos, ¿verdad? No somos salvajes de la Edad de Piedra, ¿verdad?

Te sorprenderá lo que algunos hombres consideran presentables y otros que creen que las mujeres responderán a su exterior sucio, peludo y a menudo maloliente.

- **Dúchate regularmente.** No pensarías que tengo que decirlo, pero lo hago. Y lavarse en todas partes.
- **Limpia y corta tus uñas.** Considera la posibilidad de hacerte la manicura. No hay nada femenino en ello. Las mujeres lo notarán y responderán positivamente.
- **Cepíllate los dientes, usa hilo dental y enjuague bucal.** De nuevo, no pensarías que necesitaría decir esto. Al menos dos veces al día. Además, considera llevar un poco de goma de mascar, pero ten cuidado con los aerosoles de aliento de olor médico o el enjuague bucal.

- **Aféitate de la manera que te convenga.** Puede que seas del tipo desaliñado, y eso es genial, pero incluso un aspecto desaliñado requiere mantenimiento. Aféitate, recorta y usa crema para mantener la barba suave, así ella querrá tocarte y besarte.

- **Arranca esos pelos de mas.** Fosas nasales, orejas y espalda. Si no puedes llegar a ellos, pregunta a tu barbero o considera hacerte una depilación con cera. Podría doler un poco, pero valdrá la pena.

- **Usa desodorante**. No importa lo que digan los famosos sobre ir al natural en el departamento sin desodorantes, no lo hagas. Y no uses uno de esos sprays corporales pesados como desodorante.

- **Ten cuidado con la colonia.** Puedes pensar que te hace oler a hombre, pero la chica con la que hablas puede verlo como una señal de advertencia o puede sentirse ofendida por el olor. Así que, úsala con moderación. Pruébala con algunas amigas platónicas para conocer sus opiniones.

- **Cuida tu piel**. Mantenla limpia e hidratada.

- **Lávate la cara.** Si eres más joven y tienes acné, lávate la cara con regularidad y usa medicamentos para eliminar los brotes. Y no sólo los hombres jóvenes; por ejemplo a mi todavía me salen granos de vez en cuando y tengo que reírme de ello. Prueba cremas especiales para adultos para eliminar esos desagradables brotes.

- **Cuida tus labios.** Ninguna mujer va a querer besar un par de labios que están agrietados. Usa el bálsamo labial regularmente y mantenlos hidratados.

- **Fumar.** Si fumas, es una elección personal, pero date cuenta de que es un peligro para la salud y también hace que tu aliento huela y tus dedos o dientes se pongan amarillos. Cada día hay menos gente que fuma, y las probabilidades están en tu contra si continúas. Considera la posibilidad de dejarlo.

- **No te pongas gafas de sol.** Las mujeres quieren ver tus ojos y mirarte cuando hablas. No quieren ver su propio reflejo.

Tu lenguaje corporal

Párate frente a un espejo. Respira profundamente y pónte de pie, relajado.

¿Cómo te ves?

¿Te encorvas estando de pie? ¿Metes los hombros hacia atrás? ¿Automáticamente cruzas tus brazos frente a tu pecho?

Tu lenguaje corporal y la forma en que te presentas puede ser muy importante.

Va a ser diferente para cada uno. Todos tenemos nuestras fortalezas físicas así como nuestras debilidades, tanto las que podemos cambiar como las que no. Sé consciente de los rasgos físicos que tienes a tu favor y en los que podrías querer trabajar.

- Contacto visual. Mírala a los ojos, pero no la mires. Es una línea muy fina.
- Siempre voltéate hacia la persona con la que estás hablando.

- No te preocupes. Si está de pie, coloca tu peso uniformemente en ambos pies.
- Párate derecho y no te encorves. Puede hacer que te veas como derrotado o menos masculino. Y tira de esos hombros hacia atrás.
- No te alejes si ella se mueve hacia ti. Envía un mensaje de falta de interés, confianza o peor, puede indicar que eres tímido.
- No aprietes la mandíbula. Relájate. También se sabe que si separas un poco los labios mientras escuchas, las mujeres ven esto como un interés.
- Inclina la cabeza mientras la escuchas. Muestra que estás escuchando lo que está hablando.
- Sonríe. Una verdadera sonrisa. No debería ser muy difícil. No la fuerces, pero déjala salir cuando escuches algo agradable, divertido o dulce.

Cómo entrar en una habitación

Ya se ha dicho muchas veces: sólo tienes una oportunidad para causar una primera impresión.

Pero ¿sabías que la primera impresión suele darse mucho antes de saber con quién vas a hablar?

Las mujeres pueden ser muy detallistas, y eso incluye quién entra y sale de un bar, restaurante o simplemente entra y sale de una habitación llena de gente. Saben quién acaba de entrar y ya han empezado a formular una opinión en el momento en que la vieron.

Por lo tanto, debes recordar que debes estar "Encendido" desde el momento en que entras en una habitación. No es diferente de un evento deportivo. En el momento en que sales de ese vestuario, estás encendido, y necesitas tener tu cara de juego en marcha.

Prepárate antes de entrar en cualquier habitación. Sacude cualquier pensamiento negativo y asegúrate de no parecer enfadado o molesto. Relaja tu cara, frota los músculos si es necesario.

Además, date una vuelta rápida. Asegúrate de que tu bragueta no esté abierta, que tu camisa esté metida, y que no tengas accidentalmente papel higiénico en la suela de tu zapato.

Prueba esto. Mira esa puerta delante de ti. Detrás de ella hay una oportunidad. Cada vez que vas a algún lugar, tienes la oportunidad de conocer y coquetear con mujeres. Eso debería poner una sonrisa en tu cara.

No te escabullas en la habitación con la cabeza gacha como si intentaras no llamar la atención. Entra, con la cabeza en alto y los hombros hacia atrás.

Mantén tus brazos a los lados o fuera para saludar a la gente. Al entrar, reconoce a la gente con una sonrisa y un sólido apretón de manos. Ten confianza y sé cálido.

Acercarse a las mujeres

Mido 1,80 m. Así que, cuando me acerco a una mujer, tengo que ser muy consciente de que a veces se asustan un poco por mi tamaño. Por lo general, funciona a mi favor porque la mayoría de las mujeres sienten que puedo protegerlas. El viejo tipo de fantasía del "caballero de brillante armadura". Ha abierto muchas conversaciones, y no tuve que hacer nada.

Sin embargo, a veces las mujeres se asustan un poco al principio. Así que he aprendido a añadir una bonita sonrisa, nunca las domino o las pongo en una posición en la que puedan sentirse vulnerables. Quiero que sientan que están hablando con un protector.

Si eres un tipo grande, intenta arrodillarte junto a ellas si están sentadas. Haciendo esto, no pareces amenazador, y te pone a un nivel de ojos casi parejo o incluso un poco por encima de ti. Esto crea una influencia psicológica en ella, haciéndola sentir más cómoda y es más probable que baje un poco la guardia. Sin embargo, no te sientes junto a ella sin ser invitado.

No te pongas frenético con tus movimientos. No te agites o te balancees de un lado a otro en tus pies. Sólo mantén una posición corporal tranquila.

Mantén las manos fuera de los bolsillos. Para una mujer, esto es una señal de que te sientes incómodo o de falta de confianza. Y no las coloques en tus caderas o detrás de tu espalda como un soldado en atención. Ella va a pensar que eres extraño. Párate derecho. Los hombros hacia atrás y con una buena postura.

Habla normalmente. No te apresures o te muevas de forma extraña con pequeños pasos o incluso tratando de acercarte intentando ser lindo. Ya sabes lo que quiero decir, hemos visto a los chicos que intentan un pequeño baile mientras cruzan la habitación con una chica. Están tratando de ser lindos y encantarla.

¿Sabes lo que está pensando en ese momento? "¿Cuál es la excusa más fácil para evitar hablar con este bobo?" Así que acércate a ella con confianza.

Darle la mano está bien, pero no la tomes con brusquedad como lo harías con un hombre. Sólo tómala suave pero firmemente, agítala un par de veces y suéltala. No te quedes ahí sosteniéndola mientras hablas. Además, algunos chicos hacen todo eso de besar la mano, y honestamente, no funciona muy a menudo. Casi siempre resulta poco sincero, juvenil o simplemente espeluznante. Muy pocos chicos pueden lograrlo, así que sugiero que lo evites.

Vestimenta

La ropa que usas hará una gran diferencia en la forma en que los demás reaccionen ante ti. Algunas de las cosas que debes considerar al elegir la ropa para impresionar a la mujer incluyen:

Ropa limpia

Si vuelves de jugar al softball con tus amigos o si acabas de ayudar a construir una casa para los desamparados, eso es una cosa. Pero si vas a un bar y llevas tu camisa de la suerte a pesar de que tiene una mancha sucia y no ha sido lavada en semanas, es hora de repensar cómo eliges tu ropa. Asegúrate de que tu ropa esté limpia, hasta la ropa interior.

Bien ajustado

A las mujeres les encanta la ropa que se ajusta bien y acentúa el cuerpo de la manera correcta. Evita los vaqueros holgados y las camisas demasiado grandes o pequeñas. Recuerda, les gusta ver los bienes que tienes, al igual que tú los suyos.

Vístete como si te importara

Vístete de manera que muestres que está orgulloso de ti mismo. No tienes que llevar un traje de tres piezas, pero muestra que entiendes que sabes cómo presentarte de forma madura y profesional.

Vistete apropiadamente para el evento u ocasión

Parte de ser un hombre de verdad es saber cómo encajar en ciertas ocasiones. Siempre es genial mostrar un poco de estilo personal, pero no te presentas a una boda en pantalones cortos y chanclas. Las mujeres quieren saber que estarán orgullosas de ser vistas contigo y no avergonzadas por lo que haces o vistes.

Tu actitud y comportamiento

Dentro de unos momentos, una mujer va a ser capaz de decir mucho sobre ti. Ella sabe si tienes o no la oportunidad de tener sexo con ella. Incluso hablando unas pocas frases simples, tu actitud saldrá rápidamente.

Cuando alguien que está lleno de sí mismo y es un poco imbécil habla con una mujer, ella lo identificará y lo apagará en pocos momentos. Lo mismo ocurre con los positivos. Si le muestras las actitudes que le gustan, ella responderá y se abrirá a ti.

- **Saber lo que quieres**. Si no quieres algo, sé capaz de decir "no" firme pero educadamente. Las mujeres aman a un hombre que sabe lo que quiere pero que no es un imbécil.
- **Independencia.** A las mujeres les gusta cuando tienes actividades externas, trabajo y otras cosas. La independencia les muestra que sabes quién eres y hacia dónde vas en la vida.

- **La forma en que tratas a otras personas.** Las mujeres observan cómo interactúas con otras personas. ¿Eres amable con ellos a la cara y luego hablas de ellos a sus espaldas? ¿Estás amargado con la gente? ¿Cómo tratas a las camareras y al resto del personal de servicio? ¿Cómo tratas a las personas sin hogar o a los menos favorecidos? Las mujeres se dan cuenta de todo esto y toman notas mentales.

- **La forma en que tratas y hablas de tu madre.** Es verdad. Las mujeres sacan muchas conclusiones sobre cómo tratas a las mujeres y cómo la tratarás por la forma en que hablas de tu madre. Así que, asegúrate de hablar muy bien de la querida vieja madre.

- **Fuerte pero dulce.** No quieren verte llorar, pero mostrar un poco de suavidad o cariño es muy importante. Incluso algo tan simple como sonreírle a un niño o acariciar a un perro puede mostrarle que tienes un lado dulce.

Caballerosidad

No, no está muerto. Sólo se ha movido un poco.

La palabra caballerosidad vino de la Edad Media y era un código de honor que los caballeros mantenían en relación con la forma en que vivían sus vidas y cómo trataban a las mujeres del reino.

En la Era Moderna, se ha conocido como la forma en que los hombres trataban a las mujeres, con respeto y quitándose el sombrero, poniéndose de pie cuando se levantaban o llegaban a una mesa, abriendo puertas y otros actos de respeto. En los últimos años, muchos de estos actos han sido etiquetados como sexistas y degradantes para las mujeres, pero no se han creado nuevas reglas de caballerosidad. Los hombres deben crear las suyas propias.

Mi abuela fue una de las mayores defensoras de la caballerosidad moderna que hayas conocido. Desde muy joven, me enseñó a abrir puertas a las mujeres, a caminar por la acera y otros asuntos. Si no hacía lo que debía hacer como joven caballeroso, la abuela me daba un fuerte golpe en el hombro.

He aprendido a usar esto como una especie de mecanismo de coqueteo. Cuando camino con mujeres por la calle, camino por el lado interno y de repente cruzo al lado de la calle, explicando que mi abuela me lo enseñó y que si me atrapaba, me golpearía en la cabeza. Casi universalmente, obtengo una sonrisa de la mujer.

La razón por la que esto funciona para mí es que en la sociedad moderna, se ha vuelto un poco arriesgado cuando hay que exagerar y hacer cosas para una mujer que, hasta hace unos años, eran la norma. Ahora vivimos en una especie de área gris donde los hombres no saben si deben abrir una puerta para una mujer. A mí mismo me han criticado por abrirle la puerta a una mujer que especificó que no necesitaba la ayuda de un hombre.

Yo lo veo de esta manera: ser un ser humano. Abriría la puerta a un hombre también sólo para ser cortés. Es grosero dejar que les golpee en la cara, hombre o mujer, quien sea. Si una mujer te golpea, sonríe y sigue con tu día. Y no te indignes si una mujer te abre la puerta. La cortesía no ve el género o los roles de género anticuados.

La regla ahora es no ser misógino. No trates a las mujeres como si fueran débiles, o que haces algo solo porque es una mujer o porque son más débiles o necesitan tu ayuda.

Hazlo porque es la forma civilizada de vivir en sociedad. En secreto, creo que a la mayoría de las mujeres les sigue gustando siempre y cuando te estés portando bien.

Tu cerebro

¿Has oído alguna vez que el cerebro es el órgano sexual más grande del cuerpo? Es verdad, y tienes que asegurarte de que te esfuerzas por llenarlo antes de salir al mundo de las citas.

No tienes que ser brillante de ninguna manera. Lo que quiero decir tiene que ser bien leído. Saber lo que está pasando en los acontecimientos actuales y en el mundo. No necesitas conocer los últimos titulares, pero debes ser capaz de mantener una

conversación o tener algún conocimiento que no
conocías antes.

Reúne algunos hechos y trivialidades. No te
conviertas en ese tipo molesto de la noche de
trivial que sabe todas las respuestas y se burla de
los demás porque no las saben. Ser capaz de
arrojar algunos hechos interesantes de vez en
cuando puede ayudarte a hacer una conexión
mental más profunda con una mujer.

No te conviertas en "ese tipo". Ten cuidado de no
empezar las frases con "¿Sabías que..." Puede
parecer condescendiente y desanimar a la mujer.
Intenta algo como "Sabes, escuché una vez..."

Lanza unas cuantas estadísticas divertidas en tu
cerebro. Haz que algunas sean divertidas y sexys
y luego busca la oportunidad adecuada para
introducirlas en la conversación.

Lo más importante es asegurarse de tener
información sobre una amplia variedad de temas.
Nunca se sabe lo que una mujer puede encontrar
interesante. Cuanto más variados sean tus datos
y estadísticas, mayores serán tus probabilidades

de pensar en algo que la atraiga. Sin embargo, asegúrate de tener también algún grado de interés en sus trivialidades. De lo contrario, empezarás a atraer a mujeres con las que no tendrás nada en común, y tus coqueteos se esfumarán tan pronto como se desencadenaron.

Capítulo 5: Encontrar la mujer adecuada

Entonces, estás listo para ir a coquetear con algunas mujeres, ¿verdad? ¿Pero dónde?

¿Dónde puedes encontrar a la mujer que es adecuada para tus intereses? Y cuando la encuentres, ¿cómo puede saber que vale la pena acercarse a ella?

¿Para dónde miro?

Bueno, mi primera respuesta sería... ¡en todas partes!

Las mujeres están a nuestro alrededor, y también la oportunidad de hablar con ellas y coquetear. Claro, algunos tendrán más oportunidades que otros, pero siempre debes estar abierto a las oportunidades. Puede ser esperando un autobús, en el gimnasio o simplemente caminando por la calle. Si ves a alguien que te interesa, ¡entonces hay una oportunidad!

Sin embargo, definitivamente hay algunos lugares donde puedes conocer mujeres y tener una mejor oportunidad de coquetear con ellas. Guardé algunos de los obvios (y a veces más difíciles) en un lugar especial en capítulos posteriores, pero aquí hay algunos donde puedes tener algo de suerte.

Karaoke

No, espera, hablo en serio. Mucha gente piensa que los bares de karaoke son cursis, pero eso puede ser parte de la diversión. Todo el mundo tiende a hacer un poco de tonterías, y cuando añades un poco de alcohol, se crea un ambiente relajado donde la gente es más probable que se divierta y baje la guardia.

Definitivamente sugeriría que, a menos que seas un cantante profesional, no le des una serenata con "American Pie" o alguna otra canción larga. Que sea corta y divertida.

Bares y salones de hoteles

Mucha gente que viaja se siente sola o feliz de conocer gente nueva. Un salón es un gran lugar para conocer mujeres y hablar y practicar tus nuevas habilidades de coqueteo.

Muchas veces, las mujeres que están tomando una copa en el bar de un hotel son mayores y están acostumbradas a tener conversaciones como parte de su carrera. Tu nivel de confianza debería ser mayor porque sabes que tus probabilidades de entablar una conversación y coquetear son mejores.

Coquetear en un bar puede ser difícil. Estás conociendo a alguien nuevo, el ruido es fuerte (especialmente si hay música), y quieres asegurarte de que das una buena impresión y no asustas a tu objetivo. Pero, ¿cómo te aseguras de transmitir tu punto de vista cuando tienes que gritar cada palabra? ¿Te ofreces a comprarles una bebida o dejas que se compre la suya? ¿Cuáles son las reglas para coquetear en cualquier lugar ruidoso? Algunos de los consejos que puedes seguir cuando coqueteas en un bar incluyen:

1. Sonríe y haz contacto visual. Este es un método muy simple que puedes usar para mostrar tu interés, sin decir nada.

2. Acércate a alguien e inicia una conversación. Tal vez preguntarle cuál era su equipo favorito para romper el hielo. Muestra tu interés.

3. Siéntate al lado de la persona y casualmente golpéale el brazo. Esto hará que automáticamente te mire, lo que te dará la oportunidad de hablar con ella. Puedes disculparte por haberte topado con ella y ofrecerle una bebida. Esto permite que la bebida permanezca en su mano

(nunca se puede ser demasiado cuidadoso en estos días) mientras que también abre la puerta a más conversación.

4. Usa el humor. Incluso si no eres capaz de hablar mucho o usar diferentes voces en lo que quieres decirle a la otra persona, puedes usar el humor. Involúcrala riéndote de algunos de tus propios movimientos de baile o cuéntale un buen chiste. El punto aquí es soltar a la otra persona y hacer que se ría contigo. Si no se ríe, entonces sabes que no está interesada, y puedes irte.

5. Pídele que bailen. Es una forma fácil de averiguar si está interesada en ti. Si dice que no, entonces es hora de seguir adelante.

Coquetear en un bar o en un club nocturno puede ser difícil, pero ser persistente y creativo puede facilitarte ver los resultados que quieres sin sentirte demasiado incómodo.

Meetups

Para algunas personas, es mucho más fácil tener la estructura de un evento planeado de antemano. Alguien más planea todo para que puedas conocer gente y divertirte.

Esto quita la presión y puede ayudar a las personas a relajarse e interactuar sin tener que concentrarse en el evento real. Además, compartes intereses comunes al estar ahí, así que se crean cosas automáticas para abrir las conversaciones.

Eventos culturales

Asistir a un evento que tiene una conexión cultural contigo te da la oportunidad de conocer a mujeres con el mismo trasfondo o al menos un interés. Los festivales, ferias y desfiles son lugares ideales para tener un punto en común para empezar a charlar.

Arte y Eventos intelectuales

Cosas como museos, galerías de arte, lecturas y firmas de libros son grandes eventos para conocer

mujeres. Asegúrate de tener algún conocimiento
sobre del por qué estás allí. No cometas el error
de desperdiciar una oportunidad porque acabas
de soltar información sobre el artista equivocado.

¿Cuáles son las señales?

Entonces, ¿cómo sabes si está abierta a hablar y
coquetear?

En primer lugar, busca los símbolos del lenguaje
corporal. Volviendo al lenguaje corporal, tanto el
tuyo como el suyo, porque es una de las cosas más
importantes en la interacción con las mujeres.

¿Parece cerrada? ¿Está sonriendo? ¿Parece que
está lista para arrancarle la cabeza a alguien?

¿Está haciendo contacto visual contigo? Si te mira
y mira hacia otro lado y no mira hacia atrás,
probablemente no sea para ti.

¿Pero la viste mirándote? ¡Esa es una señal
importante! Si ella te miraba de arriba a abajo con
una pequeña sonrisa, la atrapaste mirándote.
Trata de cerrar los ojos con ella y devolverle la

sonrisa. Una vez que lo hagas, dirígete a ella y salúdala. Es una gran oportunidad para burlarte de ella o hacer una broma sobre que la atrapaste mirandote.

El auto-tacto

Se ha demostrado psicológicamente que cuando las mujeres se interesan por un hombre, tienden a tocar ciertas partes de su cuerpo. Algunas mujeres se tuercen o juegan con su cabello mientras que otras se tocan el cuello. Sin embargo, depende de ti decidir si eres el causante de la reacción o sólo la has pillado rascándose. Combina los toques con el contacto visual, y las señales se verán bien.

Sigues encontrándote con ella

Si una mujer está interesada, puede proporcionarte oportunidades. ¿Crees que es sólo una casualidad que sigas encontrándote con ella en la fiesta o el evento? Puede ser, o puede ser que ella te haya estado rodeando tratando de encontrar la oportunidad de coquetear y charlar. ¡Aprovéchala! De hecho, intenta coquetear un poco y menciónalo. Intenta preguntarle si te ha estado siguiendo.

Lo mismo con un golpe o rozamiento que te pasa. Sí, claro, puede ser accidental, pero una lección que puedo pasarte desde mi experiencia... las mujeres no son estúpidas. Saben exactamente cómo jugar el juego y te dan la suficiente información para darte la oportunidad. Esto también podría ser una prueba, y ella está viendo lo hombre que eres. ¿Hablarás con ella?

Ella habla contigo

Si está interesada, podría empezar la conversación. Puede ser algo casual como preguntarte sobre su café o alguna pequeña charla, pero no habría hablado contigo si no quisiera una respuesta. Piénsalo. Hay chicos por todas partes, y ella habló contigo. ¡Eso es genial!

O podría ser tan atrevida como la mujer que mencioné que se excitaba con mi nombre. Algunas mujeres no esperan a que vayas por ellas, pero más vale que estés preparado.

Así que no te congeles. No digas nada estúpido o espeluznante, sólo sonríe y respóndele. Sé casual y amable. Intenta avanzar en el tema de forma divertida y coqueta, pero no te metas en una discusión filosófica importante. Después de algunos vaivenes, asegúrate de presentarte si no lo has hecho ya.

¿Cuáles son los signos que hay que evitar?

Sarcasmo

Hay una diferencia entre el sarcasmo y la burla, pero a veces es difícil notar la diferencia. Si empiezas a hablar con una mujer y todo lo que dice se le sale de la lengua con un poco de veneno y algunos de sus comentarios pican un poco, no significa que tengas la piel suave.

Tal vez quieras tomar un pase diferente porque si ella coquetea de nuevo, lo más probable es que sea un viaje difícil sin un pago placentero.

La miel del dinero

Solían llamarlas buscadores de oro, pero todos conocemos el tipo. A ella no le importa nada más que tu coche, tu ropa y tu dinero. Esperará que le pagues la cuenta del bar y que derroches en bebidas para sus amigos.

Puede que se ría de cada broma, que te mire de reojo y te sonría seductoramente, pero lo más probable es que te quitará un montón de dinero, y ni siquiera te irás con su número. Si sale contigo, esperará que la trates como a una princesa y puede que ni siquiera te dé un beso.

A veces llamo a estas mujeres "plásticas" debido a la sonrisa falsa, la cirugía plástica, y el atuendo superficial con bolsos y ropa de marca (y por supuesto se aseguran de que todo el mundo pueda verlas y notarlas.) Además de eso, encuentro que sus actitudes y personalidad general son falsas, añadiendo al apodo "plástica".

La loca

Creo que lanzamos esta frase demasiado, pero admitiré que soy culpable. El psicópata, el loco. A menudo, la usamos como una etiqueta para algo específico que hicieron, pero hay mujeres que merecen el título.

Ten cuidado con las mujeres que se enganchan demasiado rápido y que hacen comentarios extraños pero dicen que sólo están bromeando. Si empiezan a contar historias sobre cómo quemaron la casa de su ex-novio pero fue sólo un "malentendido", puede ser el momento de cortar por lo sano y marcharse.

La borracha

Trabajaba en un bar universitario popular, y cada noche una chica borracha se me acercaba y coqueteaba y yo le devolvía el coqueteo. Sin embargo, como estaba trabajando, admitiré que coquetear era parte de mi trabajo. Constantemente me pedían que fuera a tomar algo a su casa después del trabajo o a un bar fuera de horario o a una fiesta.

No harías ningún movimiento con una chica si ha
estado bebiendo y yo no lo hice. Siempre
conseguía los números y me reunía con ellas para
tomar un café o cenar cuando ambos estábamos
sobrios. Déjame decirte que eso creaba una gran
confianza cuando nos conocíamos.

Ten cuidado con la chica borracha. Puedes pensar
que estás haciendo progresos pero date cuenta de
que no te está escuchando bien y lo más probable
es que uno de sus amigos venga a buscarla y la
aleje. Pero sobre todo, lo más probable es que se
vaya a casa, se desmaye y apenas recuerde que
alguna vez hablaste con ella.

La buscadora de atención

Las ves en todos los bares. La mujer muy atractiva
con los grandes pechos puestos en exhibición, el
maquillaje perfecto y el casi perfecto aleteo de
pestañas. Estas son mujeres que se alimentan de
la atención y el coqueteo.

Muchas veces, estas mujeres ya tienen novios
pero salen para absorber toda la admiración y el
coqueteo que pueden antes de volver con su

hombre. Quieren ser el centro de la atención pero tratan de fingir que realmente no quieren serlo. Coquetean un poco, pero son como parásitos que quieren tu atención pero no te van a devolver nada. Evítalas tan pronto como veas las señales.

Pescando los cumplidos

Al igual que la buscadora de atención, las mujeres que buscan cumplidos sólo quieren que alguien les diga que son bonitas, inteligentes, divertidas, que valen la pena, etc. Estas mujeres dirán cosas como "Dios, odio este vestido, me veo tan gorda en él", "Desearía no ser tan estúpida", o "¿Por qué no puedo parecerme a *ella*? Ella es tan hermosa y yo soy tan sencilla". También pueden tomar los autoadhesivos y subtitularlos con cosas como "Soy tan fea" o "Estoy tan gorda". La mayoría de las veces, lo hacen con el propósito de que la gente las contradiga.

Si empiezas a coquetear con una mujer como esta, podrías tener un buen viaje. Como la buscadora de atención, usará a la gente para llamar la atención. Las mujeres que buscan cumplidos te usarán para obtener los cumplidos que inevitablemente vendrán con tu coqueteo. En lugar de recibir coqueteos y cumplidos, excepto el ocasional y a veces poco sincero "eres demasiado dulce", sólo conseguirás que te devuelva los cumplidos para que le des más.

Las mujeres que buscan cumplidos no son necesariamente malas personas, pero pueden desesperarse y a menudo se enfrentan a muchos problemas emocionales. Incluso podrían estar cargando con un trauma psicológico que les ha dado una baja autoestima y les ha hecho depender de los elogios de los demás para su propia confianza. Lamentablemente, este tipo de problemas pueden afectar a cualquiera, así que no podrás saber si estás coqueteando con alguien que busca halagos hasta que te absorba. Una vez que te des cuenta de lo que está pasando, no seas grosero. Piensa en una razón para irte muy sutilmente, deséale lo mejor y sepárate.

Capítulo 6: La mecánica del coqueteo

Así que, todo está muy bien, pero lo que quieres saber es cómo funciona, ¿verdad?

Hay muchas partes en el coqueteo y la forma en que cada aspecto individual funciona. Así que, vamos a dividirlo en partes individuales.

Cómo coquetear con las palabras

Usar palabras descriptivas

En los viejos tiempos, se necesitaba escribir un

poema o un soneto para cortejar a una chica adecuadamente. Personalmente, me alegro de que esos días hayan terminado. Puedo tener muchas habilidades, pero la poesía no es una de ellas.

Esto no significa que no puedas usar las palabras adecuadas para impresionarla mientras coqueteas. Usa palabras que tengan un significado más profundo. No necesariamente insinuaciones, ese es un tema diferente, pero palabras que sean más descriptivas y que resuenen en su mente y corazón.

* **"Querer"** - en lugar de decir simplemente que quieres algo (o ella) intenta palabras descriptivas como **"anhelar", "desear"** o **"esperar"**.
* **"Encendido"** - intenta algo como **"excitado"** o tal vez más descriptivo como **"caliente"**. No digas **"Eso es sexy"**. Paris Hilton ha arruinado esa frase para siempre.
* **"Sucio"** - prueba con una palabra como **"atrevido"**. No sólo suena más elegante, sino que también es una especie de palabra

histórica divertida de usar. Crea una
imagen de exuberantes y anticuados
burdeles y tiempos difíciles. Eso es algo
bueno. "Juguetón" es otra palabra
divertida que tiene matices juguetones.
Busca su reacción para probar si puedes ir
más allá con la conversación sexual.

* **"Sexy"** - Antes de decir que algo es sexy,
  mira si la palabra **"sensual" funciona**.
  Es mucho más profunda y madura.
* **"Gusto/interés"** - intenta decir algo
  como "Tengo una verdadera **pasión**
  por..." Ya sea que se trate de tu trabajo, tus
  pasatiempos o mujeres, al usar la palabra
  pasión, muestra tanto el respeto como el
  deseo que hay detrás.

Bromas

Las bromas son geniales porque te acercan más a
ella. Es similar a la forma en que puedes burlarte
de tus mejores amigos o de un hermano o
miembro de la familia, ya que muestra que tienes
suficiente conexión como para darle un poco de
buen humor.

Con el coqueteo, es lo mismo. Te acercarás, romperás barreras y te dará la oportunidad de hablar de otros temas divertidos, incluyendo el sexo.

Cómo bromear

Usa tu voz y tus manos. Si lo haces un poco exagerado y te ríes y sonríes cuando lo haces, sabrá que sólo estás siendo juguetón, no cruel.

Siempre debes ser muy observador en cuanto a cómo reacciona. A algunas mujeres les encanta una buena broma y la devolverán, mientras que a otras no les gusta tanto. Sonreirán a una o dos buenas bromas, pero puede que no les interese mucho más. Parte de un buen coqueteo es siempre saber cómo ajustar tu enfoque.

Se vuelve más personal a medida que la conversación progresa. Parte de la diversión de coquetear es ver cómo se vuelve más íntimo a medida que se tiene éxito. No empieces a bromear con ella sobre el sexo, pero si te das cuenta de que va bien, entonces es hora de empezar a hacer bromas.

Busca oportunidades para bromear amablemente basado en lo que ella dice. Si dice que es muy torpe, entonces usa eso. Es información que ella te dio, y ella misma bromea sobre ello. Así que le muestras que no sólo compartes su sentido del humor, sino que la has estado escuchando.

No te burles de ella por cosas que puedan ser sensibles. Mantente alejado de ciertos temas como su peso o un grano o una mancha. Además, no empieces a criticar las elecciones de sus antiguos novios. Esto sólo te hará parecer mezquino. Incluso si hace bromas sobre un ex, ten cuidado antes de burlarte de él.

No te burles de ella constantemente. Úsalo con moderación. Ten una conversación que también incluya una charla seria y escucharla atentamente. Nadie quiere que esten bromeando todo el tiempo, no importa lo juguetón que seas.

Acusarla de ser agresiva

Haz chistes sobre que ella te coquetea o tiene pensamientos sucios y dice algo inapropiado. Te da la oportunidad de cambiar los papeles ya que los hombres suelen ser acusados. También es una gran manera de romper el hielo para iniciar con temas más sugerentes sexualmente y probar su reacción.

Imitarla juguetonamente

Encuentra algo en la forma en que habla o un rasgo físico que puedas imitar. Si se ha molestado por algo que has dicho, quizás te ponga una cara de enojo. Si tiene sentido del humor, se reirá. Su reacción te dirá mucho.

Ten cuidado con esto. Hay algunos tipos de discurso e incluso rasgos físicos que van a estar ahí debido a un problema físico. La mujer podría ser sensible al respecto. Esto significa que no querrá que alguien la señale. Por ejemplo, no la imites si está cojeando.

Darle un apodo

Algo lindo o divertido pero no insultante o espeluznante. Algo que tenga que ver con una de sus cualidades que te guste. Su risa o su sonrisa. Y especialmente evita cosas como "cariño", "mejillas dulces", o cualquier otro número de apodos condescendientes que escuches que los mujeriegos vomitan al azar. No son lindos, son degradantes.

Cómo construir la química

Química natural

A veces sólo tienes suerte. Entras en una habitación y miras fijamente a una mujer, las feromonas están alborotadas, y es obvio que ambos están interesados.

En pocas palabras, ambos saben que hay esa chispa entre ustedes dos. Caen en una conversación de coqueteo natural, y después de unos minutos, ambos saben que esto va a alguna parte.

Pero odio decirte que no siempre es así. La mayoría de las veces, vas a tener que trabajar un poco para que las chispas vuelen o para avivar el fuego.

"La Chispa"

Los hombres y las mujeres están conectados de
forma diferente. No es un juicio moral; es sólo un
hecho.

Como hombres, estamos muy estimulados física
y visualmente. Lo que vemos nos excita. Sí, hay
elementos románticos y mentales, pero
biológicamente hemos estado conectados
durante millones de años para ver lo que
queremos e ir tras ello.

Las mujeres tienen un desencadenante diferente.
Necesitan sentir **"La Chispa".**

Muchas cosas pueden hacer que esto se dispare.
Puede ser puramente sexual, una combinación de
atracción física y mental. O la chispa puede ser
causada por algunas de las otras cosas que hemos
discutido. Protección, seguridad y procreación y
las necesidades primarias que el cerebro
femenino busca.

Pero necesitan esa chispa, y si no se genera
automáticamente, hay que crearla.

Para alimentar esta chispa, necesitas hablar y coquetear con ella de una manera que no parezca superficial. Necesita creer que las cosas que dices nunca se las has dicho a otra mujer antes. Ella te quiere en el momento con ella.

Por ejemplo, después de unos minutos, te dice que es una maestra. ¿Cómo haces el seguimiento de esto?

Podrías comentar que te gusta trabajar con niños o tener los veranos libres o incluso que es admirable por tener un trabajo mal pagado y tan satisfactorio. Y ella sonreirá y perderá el interés en ti.

¿Ves el problema con estas preguntas?

Le estás haciendo preguntas superficiales (y comunes) que ha escuchado muchas veces antes. No son realmente sobre ella; son sobre su trabajo. Esto no fomentará una chispa. Necesitas superar eso y encontrar la conexión.

Así que en vez de eso, considera preguntarle por qué se convirtió en maestra, qué es lo que más le

gusta. Llega a sus sentimientos, y estarás
avivando esa chispa.

Cómo hacer un verdadero cumplido

Tienes que entender que las mujeres están
acostumbradas a los cumplidos. Los han estado
recibiendo desde que los chicos tenían edad
suficiente para notarlos y se han vuelto muy
adeptas a aprender lo que son los verdaderos
cumplidos y lo que básicamente son sólo líneas de
ligue.

Asegúrate de que entiendes la diferencia entre un
cumplido y un comentario. Un comentario es sólo
eso... un comentario. Cuando dices, "Esos son
unos hermosos ojos/piernas, labios, etc.", no
estás realmente felicitando a la mujer por algo,
sólo estás comentando algo sobre ella.

No es muy diferente de un comentarista de golf
que ve a un golfista profesional hundir un putt y
decir: "Y lo golpea y hace un hoyo en uno". **Estás
diciendo lo obvio, como cualquier otro
tipo. Necesitas apartarte.**

Felicítala por las cosas que son diferentes o únicas para ella. En vez de decir "Tienes unos ojos preciosos", halaga la forma en que cambian de color. Esto le dice que no es sólo un comentario general basado en el sexo, sino que estás notando algo en ella que es único.

Y no te limites a elogiar algo sobre lo que ella no tiene control. Si le dices que tiene un gran cuerpo, en primer lugar, va a sonar bastante horrible. Segundo, a menos que pase horas en el gimnasio y esté creando un cuerpo profesional fitness, probablemente no lo tomará tan bien. Puede que tenga sus propios problemas o que piense que es un comentario sexual.

Felicítala por las elecciones que hace y por las cosas que añaden a su personalidad y estilo. Felicítala por su elección de vestido, sus joyas o la forma en que se peina (no sólo el pelo en general).

Los detalles que son algo que hizo o en lo que puso tiempo siempre se tomarán mejor y como genuinos. Ella se esforzó en algo, y tu lo notaste. Eso es una victoria.

Cómo crear y usar un gancho

Cuando estaba en la universidad, tenía dos amigos llamados Jack y Louie. Salían a menudo a los bares porque pensaban que era la mejor manera de conocer chicas. Jack les hablaba porque era muy bueno para coquetear.

Louie se sentaba un poco alejado de ellas pero aún así estaba a su alcance para hablar. Jack le hacía señas a Louis, diciendo que era un poco tímido sobre una anormalidad física que tenía. Las chicas miraban e intentaban averiguar qué era y finalmente Jack se lo decía.

"No mires, pero tiene la polla debajo de la rodilla", decía Jack. Las chicas siempre jadeaban o no le creían, y finalmente, Jack le hacía señas a Louis, quien levantaba la pierna del pantalón para revelar un gran tatuaje de un gallo que tenía en la pantorrilla.

Las chicas se reían y movían la cabeza, pero siempre terminaban saliendo con ellas.

Este era su gancho. Lo admito, es un poco creativo y podría considerarse exagerado, pero funcionó para ellos.

Si se te ocurre algo que es bueno, por supuesto, úsalo. Si tienes algo inusual que haces o has conseguido, encuentra una manera de incluirlo en la conversación o úsalo para romper el hielo.

Otro gancho que muchos han usado con gran éxito es convertirse en ministro declarado. Puedes hacerlo online por unos pocos dólares, y siempre es una forma divertida de abrir una conversación.

Sólo manténte alejado de los ganchos que han sido arrastrados por el suelo. Por favor, por el bien de todos los hombres de ahí fuera, no más:

- Trucos de cartas o de magia
- Serpientes, iguanas u otros animales en tu hombro
- Fingir que trabajas en el mundo del espectáculo y que puedes hacerla famosa

- Mentir sobre cualquier línea de trabajo para impresionarla (policía, soldado, bombero, etc.)
- Camisetas malas con juegos de palabras
- Trajes extravagantes que sólo sirven para llamar la atención

Cómo exagerar sutilmente

Embellecer un poco las cosas es normal. Puede estar en tu currículum, o es lo que le dijiste a tus amigos sobre un pez que has pescado o cuando estás hablando con una mujer. Pero hay una diferencia entre mentir y exagerar.

Si le dices a una mujer que conduces un Ferrari, vives en un ático y pasas tus vacaciones en el sur de Francia cuando en realidad tienes un viejo Honda, apenas puedes pagar el alquiler y tienes suerte de llegar al lago para pasar las vacaciones, entonces estás mintiendo. Las mujeres odian las mentiras.

Si estás exagerando un poco, eso es diferente. Si exageras, tiene que ser algo que no te va a hacer caer si te atrapan. Quieres exagerar de manera que sea su percepción la que moldee lo que creen basándose en la forma en que se los dijiste. A menudo, no es tanto exagerar como ser vago.

Si hablas con una mujer y te pregunta a qué te dedicas, podrías decir que trabajas en la industria del entretenimiento. Ella puede asumir que eres un actor, un escritor, un director o cualquier otra cosa cuando, en realidad, trabajas en el camión de catering y haces sándwiches para el equipo. Eventualmente, lo que realmente haces podría salir a la luz, pero cualquier preconcepción que ella tenía era suya.

Si estás contando una historia, tal vez quieras animarla un poco añadiendo algunas pequeñas exageraciones. ¿Te atrapó alguna vez una tormenta en un barco? Bueno, ya que estás contando la historia, haz que la tormenta sea un poco más grande. No dejes que esto vaya demasiado lejos. Si exageras demasiado, terminarás con una mujer que sabe que estás mintiendo y se preguntará cuánto mientes en otras cosas. Pero contar un poco de exageración, especialmente si puedes hacer que se ría y lo disfrute más, puede ser algo bueno.

Cómo usar el inuendo sexual

Me encanta esta categoría. Soy un gran fan de los juegos de palabras y de convertir una frase. Y no es tan difícil, pero los hombres parecen fastidiarla todo el tiempo.

El inuendo es un lenguaje ambiguo. Eso significa que ciertas palabras y frases pueden convertirse en un significado sexual, divertido y lúdico diferente.

Sin embargo, el mejor uso de esto es cuando puedes hacerlo sutilmente. Cuanto más sutil o más basado en un malentendido es, más divertido puede ser y más probable es que lo disfrute. También, por favor recuerda, si sólo sales con chistes verdes, esto no es una insinuación.

El malentendido

Uso mucho este punto para tener un gran éxito. Una mujer hará una declaración inocente, pero habrá una palabra que se puede tomar de varias maneras. Fingiré tomarla sexualmente y luego la molestaré por ir demasiado rápido, o que sólo le

interesa una cosa. La mujer se reirá y me dirá que
eso no es verdad.

Este es un gran lugar para una pequeña prueba de
cómo van las cosas. En este punto, si ella se acerca
y te da una palmada en el brazo, sabes que está
disfrutando de la conversación y está jugando.

El objetivo es conseguir que ella también se una.
Si demuestras que eres un hombre sano y sexual
que puede ofrecer alguna insinuación inteligente
pero que se da cuenta de que cuanto más se
coquetee en la conversación, más probable es que
ella se una a la diversión.

Tocar

Tocarse mientras se coquetea es tan
increíblemente importante, pero puede ser muy
peligroso, especialmente en la sociedad actual.

Hace poco estaba en un bar tomando un trago con
unos amigos cuando noté que un tipo empezó a
charlar con una mujer en otra mesa. Era de
aspecto agradable, bien vestido pero no
demasiado engreído. Cuando empezó a hablar

con la mujer, él sonrió y ella también. Parecía que le iba bien. Incluso le ofrecí un "attaboy" mental mientras lo miraba.

Entonces sucedió. Después de menos de un par de minutos de charla, se acercó y le tomó la mano. Todavía sonreía y seguía siendo amable, pero su cara cambió inmediatamente. Puso una cara de piedra, retiró su mano y lo miró fijamente. De repente, su lenguaje corporal cambió, sus brazos y piernas se cruzaron. Se cerró completamente a él. Después de otro minuto, él supo que no funcionaba y la dejó beber.

Cometió un grave error. Se movió demasiado pronto.

Puede ser difícil juzgar cuándo es el momento adecuado para hacer contacto físico. A veces crees que tienes una señal de que ella estará bien con eso, pero lo lees mal. Por otra parte a algunas mujeres no les importa que las toques desde el momento en que las saludas.

Creo que siempre hay que pecar de precavido, pero eso no significa que haya que ser tímido.

Dale una palmadita en la mano o el brazo, pero no lo hagas de forma extraña o como un bicho raro. Úsalo como puntuación a lo que estás diciendo. Tal vez estás contando una historia, y puedes darle una palmadita en la mano, diciendo, "¿Y sabes lo que hice?" Esto la lleva a la historia mientras haces una conexión. Asegúrate de estar atento a su reacción. Si se aleja cuando le das un golpecito en el brazo, toma nota de ello.

Si se siente cómoda con el tacto, incorpóralo a otras formas de coqueteo como las bromas. Dale un suave empujón o un pequeño codazo en el brazo cuando hagas una broma o le tomes el pelo. Pero asegúrate de guiñarle el ojo cuando lo hagas, para hacerle saber que sólo estás bromeando. También asegúrate de no usar esto a menudo, o de lo contrario ella pensará que sólo piensas en ella como "uno de los chicos" y no tiene ningún interés sexual en ella.

Cabello

Me encanta este punto, y me ha funcionado muchas, muchas veces. Notar que tienen el cabello fuera de lugar o que tienen algo en él. No tiene que ser real. Lo mencionas y preguntas si está bien si lo arreglas. No empieces a tocar a una mujer y a meterte en su espacio personal sin preguntar primero, no importa lo bien que la conozcas. Con cada vez que digan que sí, alisales suavemente el cabello o finge que se les va un trozo de pelusa o algo así.

Te lo digo, este es uno de los puntos grandes. Un par de veces escuché a las mujeres gemir cuando lo hice. No bromeo.

Anímala a que te toque

Yo vivía en Chicago y conocía a muchas mujeres de Michigan. En Michigan, debido a la forma del estado, usan su mano para mostrar dónde viven. Siempre levantaba la mano y les pedía que me mostraran dónde vivían en el estado. Tocaban mi palma y a menudo trazaban líneas a los diferentes lugares donde habían vivido, creando más contacto entre nosotros.

Si mencionas que probablemente eres lo suficientemente grande para recogerla, ofrécete hacerlo. Si haces un comentario sobre no querer

caminar, ofrécele juguetonamente saltar sobre tu
espalda para un paseo a caballito. Si te bajas del
coche o de la última escalera, ofrécele tu mano
para ayudarla a bajar.

No le pidas que sienta tus músculos. Si te lo pide,
déjala, pero avergüénzate un poco por ello.

Ser acogedor

Esta es un punto grandioso para un bar o algún
lugar donde pueda hacer frío, ruido o ver a la
gente.

Gira la discusión hacia la gente que está mirando
y muévetea su lado para que ambos puedan mirar
la habitación. Mientras se ríen y comentan lo que
ven, acérquense para que puedan bromear entre
ustedes. Crea una atmósfera íntima, y como su
atención está enfocada hacia afuera, no va a crear
ninguna incomodidad. Al estar tan cerca, la harás
sentir más cómoda y la llevarás a tocarte más.

En este punto presta atención a sus señales. La
cercanía puede ayudar a formar esa conexión que
quieres, pero algunas chicas pueden estar

desconectadas de esto. Si empiezas a acercarte un poco, puedes notar que se tensan y tal vez se alejan un poco.

Cuando esto sucede, es mejor darles espacio. Puede que no estén lo suficientemente cómodas haciendo esto todavía contigo y querrán su espacio. O tal vez hay algo en su pasado que las hace sentir un poco incómodas.

Siempre toma el ejemplo de la mujer anterior. Si se sienten cómodas con que te acerques, entonces esta es una gran manera de construir esa conexión y meterte en su mente. Sólo no lo empujes más allá de los límites que está estableciendo.

Cómo coquetear sin decir una palabra

Aunque hablar con una mujer es probablemente la forma más efectiva de coquetear y conocerla, no es de ninguna manera la única forma.

¡Puedes coquetear sin decir una palabra! Tiene que ver con simples señales no verbales y lenguaje corporal.

- Cómo te sientas. Eres dueño de tu espacio. Esto puede ser visto como un signo de fuerza por las mujeres, y definitivamente lo notarán. No te quedes como un vago, pero ponte cómodo donde te sientes. No te encorves. Sé informal, pero no seas grosero. No pongas los pies sobre la mesa. Y nada de acostarte. Si una mujer ha inventado una silla sólo para asegurarse de que no podemos hacerlo, probablemente no es algo que quieran ver.

- No muestres esa sonrisa de millón de dólares todavía. Escondela. Cuando la veas, dale una pequeña sonrisa. Sentirá que es sólo para ella y su pequeño secreto, especialmente si estás hablando con un grupo de personas y te tomas un momento para dejarla entrar en tu mundo.

- Asegúrate de no cerrarte. No te acurruques o cruces los brazos sobre tu cuerpo. Muéstrale que estás abierto a ella abriendo tu lenguaje corporal.

- Muestra tu lado varonil. Tocando sutilmente ciertas partes de tu cuerpo, atrae la atención de ella. Tócate la mandíbula o ráscate el pelo. Frota tus bíceps, pero asegúrate de que es un movimiento de aspecto orgánico. No te estás luciendo, sólo resalta silenciosamente ciertas partes de tu cuerpo.

- Sé amable. Las mujeres quieren que los hombres sean fuertes pero no agresivos, así que no golpees nada y sé siempre amable cuando la toques. Esto es especialmente importante cuando eres alto como yo o simplemente más grande en general. Las mujeres se sentirán más cómodas alrededor de un gigante gentil que puede protegerla pero que sabe cómo dominarla a un hombre que trata todo como una prueba de fuerza.

No olvides a sus amigos

Si estás hablando con una mujer en particular y ella está con un grupo de amigos, no te alejes del resto de ellos para sólo hablar con ella. Sé inclusivo. Asegúrate de incluir a todos en el grupo, aunque sea ella a quien des la mayor atención.

Recuerda que en cualquier momento uno de sus amigos puede decidir dar un paso adelante y alejarla. Puede que decidan que no eres el adecuado para su amiga, o incluso pueden ser una fuente de celos. Todo es parte de la amistad/hermandad que las mujeres comparten.

Así que asegúrate de que le gustes a todos en el grupo, pero no seas adulador ni plástico. No estés de acuerdo con todo y no actúes como un cachorro. Ten conversaciones genuinas con opiniones e información, pero que no dominen la conversación y no la lleven de vuelta a temas que obviamente ya han terminado.

Busca pistas de sus amigos de que está funcionando. Pueden mencionar lo que le gusta y lo que no le gusta o cómo está buscando algo en un hombre. Escucha y asegúrate de actuar según estas señales. Si a sus amigas les gustas, ellas ayudarán. Pero si deciden que no les gustas, protegerán a su amiga y te cerrarán.

Cómo hacer que quiera volver a verte

Tuviste una gran conversación, y realmente pareció que congeniaron. Quieres pedirle su número, ¿pero cómo puedes asegurarte de que ella estará interesada en dártelo?

Sé honesto y digno de confianza

No necesitas contarle la historia de tu vida o todo lo que haces, pero no le mientas a la cara. Si dices que vas a hacer algo, hazlo. Incluso si es poco.

Encuentra una manera de hacerle saber que eres un hombre de palabra. Si dices que vas a enviarle un mensaje, hazlo. Si dices que le enviarás un artículo del que hablaste, asegúrate de enviarlo.

Sé interesante

Si eres aburrido, no tienes nada que discutir y no es divertido estar cerca tuyo, por eso ella no querrá volver a verte. Es un hecho. Nadie quiere estar cerca de gente aburrida. Si no eres interesante, ella puede ser amable contigo y hablar, pero no va a querer darte mucho más de su precioso tiempo.

¿Cómo sabes si estás siendo aburrido? Mírala mientras hablas. Si tiene los ojos caídos, está revisando sutilmente su teléfono o su reloj o está mirando perezosamente la habitación, entonces probablemente sea el momento de que cambies de tema y posiblemente de enfoque.

Sé un poco misterioso

Esto es parte de ser interesante. No reveles todo sobre ti por adelantado. Al menos, hazle creer que hay algo más de ti que debe saber. Típicamente, podrías ser un tipo de "lo que ves es lo que obtienes", y las mujeres aprecian esa honestidad, pero también les gustan los hombres que tienen algunas capas, y tener esas capas les da la esperanza de que nunca se aburrirán en una relación contigo.

Viajo mucho por trabajo, y a las mujeres les encanta escuchar historias sobre los diferentes países en los que he estado. Una de mis cosas favoritas de hacer durante mis historias de viaje es mencionar una experiencia similar o sorprendentemente diferente que tuve en otro viaje y decir: "Pero esa es una historia completamente diferente". Entonces continúo con mi historia original sin volver a mi otro comentario. La mayoría de las veces, la mujer con la que hablo me pregunta sobre la otra historia, a lo que yo respondo con algo como "Tal vez te lo cuente en otro momento" o "No quiero entrar en eso ahora mismo, pero dame tu número y tal vez pueda llamarte y contártelo". De esta forma, no sólo se le deja un pequeño misterio que le hace querer saber más sobre mí, sino que también tendremos una excusa para intercambiar números o direcciones de correo electrónico.

Estar cómodo

Mientras estén pasando el rato, asegúrate de que esten cómodos para estar cerca. No hables de temas que no le interesen o, peor aún, que le ofendan. Haz las cosas fáciles. No hables sobre el estrés de una cita (si es eso lo que sucede). Haz que parezca que hablar con ella es lo más fácil que has hecho nunca.

No digo que tengas que ser el alma de la fiesta, contar chistes constantes o cantar y bailar. Sólo tienes que ser tú. Tener una buena conversación, hacerla reír y, sobre todo, asegurarte de que esté cómoda.

Haz algo que dé miedo

¿Alguna vez has ido a una película de miedo con una chica y ella salta y te toma de la mano?

Si haces algo terrorífico como ir a ver una película de terror o ir a una montaña rusa, se liberarán las endorfinas, lo que los excitará a ambos. Debido a que lo hicieron juntos, el cerebro va a conectar las endorfinas de sus mentes con ustedes. Y ella va a querer más de esa emoción que conecta contigo.

No lleves la palabra "terrorífico" a los extremos. Las películas de terror, las montañas rusas e incluso las atracciones de casas embrujadas funcionan aquí porque mientras las endorfinas se liberan, las posibilidades de que te hagas daño no son tan grandes. Las películas no nos harán daño, las montañas rusas están reguladas y operadas por empleados capacitados, y confiamos en que los actores de la mayoría de las atracciones de casas embrujadas no nos tocarán. Por lo tanto, el "miedo" asociado con el entretenimiento que libera endorfinas como este no es el mismo "miedo" que cuando, por ejemplo, te metes en una pelea de bar o caminas por un callejón sin luz.

Mientras que quieres compartir un subidón, no debes permitir que conecte ese subidón con algo realmente peligroso para la vida o contigo haciendo alguna estupidez.

No hay presión

No la agobies con lo que buscas en una mujer o en una relación. Nunca le digas que ella es exactamente lo que has estado buscando o que ves a los dos pasando una larga vida juntos.

Esta no es la charla que va a hacer que ella quiera verte de nuevo. Algunas mujeres responden a esto, pero seré honesto contigo, están buscando casarse y tener hijos lo antes posible, lo cual está bien, si eso es lo que buscas, pero esa desesperación puede ser malinterpretada.

Mantenlo casual. Sólo diviértete. No intentes poner etiquetas en las cosas, ni siquiera en broma. No seas distante, pero mantén un poco de intriga.

Coqueteo Push-Pull (empujar-tirar)

Ahora, voy a ser honesto contigo, yo no uso este método. No es el estilo que me gusta para coquetear. Eso no significa que no tenga éxito para ti.

La idea detrás del push-pull es cuando dices algo agradable o halagas a una mujer y luego sigues con algo que es menos agradable o posiblemente menos halagador.

Luego sigues con algo que te aleja verbal o físicamente. Puedes decir algo que limite lo que has dicho. Básicamente es jugar con ella para mantenerla fuera de balance. La idea es crear conexiones emocionales y luego la distancia. Cuando pasas a la siguiente conexión, la distancia que creaste te permite acercarte más. Es como pescar cuando sueltas una línea, enrollas el pescado y lo dejas correr un poco.

Por ejemplo, podrías decir algo como que ella tiene la sonrisa más hermosa de la habitación pero luego seguir con una declaración que diga que te equivocaste, que hay unas cuantas sonrisas hermosas en la habitación y que pondrías la suya en un tercer lugar. Haciendo esto, la empujaste y luego la tiraste.

Hay ciertos tipos de mujeres que responden a esta técnica. Tienden a ansiar atención y la tomarán de cualquier forma que puedan conseguirla, así que date cuenta de esto.

En su mayoría, a las mujeres no les gusta esta técnica. Pueden llegar a sentirse muy ofendidas y malhumoradas en una forma defensiva. Por lo tanto, puede resultar contraproducente.

De hecho, parte de la razón por la que no me gusta esta técnica en particular es por lo que me dijo una antigua vecina/amiga actual sobre su experiencia con ella.

Una vez, mientras estaba en un club, ella estaba charlando con un tipo en el bar, y parecía un tipo bastante decente. Inteligente, ingenioso, guapo.

Después de un par de copas, a ella le gustaba. Entonces él dice: "Sabes, tienes unos ojos preciosos", se detiene para tomar un trago, y continúa, "aunque el dercho sea un poco pequeño".

Esto dejó a mi amiga aturdida, avergonzada y furiosa a la vez. No lo vio como un cumplido o una razón para seguir hablando con él. En vez de eso, volvió a sus amigos y lo evitó el resto de la noche.

Mi amiga también me dijo que para muchas mujeres, es algo parecido a un "cumplido al revés". Esencialmente, un cumplido al revés es cuando alguien dice algo como "tienes una cara tan bonita, es una pena que la escondas detrás de toda esa grasa". Entre las mujeres, esto se hace cuando quieren insultar a alguien pero no quieren o no pueden dejar que los demás vean lo mucho que les disgusta la otra mujer. Aunque no es exactamente lo mismo que el coqueteo push-pull, muchas mujeres asocian los dos, por lo que muchas mujeres no responden bien al flirteo push-pull.

Muchos hombres y asesores de citas recomiendan el push-pull, pero de nuevo, yo no lo hago. Creo que es una forma poco saludable de comunicarse y la mayoría de las veces no te va a dar los resultados o el tipo de mujer que deseas. Te sugiero que te atengas a las bromas juguetonas y dejes los juegos mentales fuera de esto.

Sin embargo, una palabra de precaución si decides realizar esta técnica: debes tener cuidado con el tirón que utilizas. Si dices o haces algo demasiado duro, puedes desencadenar una respuesta defensiva. No hace falta decir que esto mataría todo el juego.

Capítulo 7: Lo que se debe y no se debe hacer en el coqueteo

Así pues, hemos pasado por la mecánica y lo básico del coqueteo, pero hay muchas pequeñas cosas que puedes hacer para ser más efectivo. Además, hay varias cosas que simplemente puedes evitar.

Sigue estos consejos, y encontrarás que tus esfuerzos de coqueteo y conversación serán mucho más exitosos.

Lo que se debe hacer

- Saber la diferencia entre una burla suave y un insulto. Insultarla no te va a ayudar. Siempre ten cuidado con el tono del lenguaje que usas.
- Debes estar orgulloso de tus logros y de tu vida, pero no presumas ni te jactes.
- Saber cuando no estás bien y retirarse con gracia. Puedes decir que tienes que irte, que un amigo te hace señas o simplemente sonreír y decir "encantado de conocerte" e irte. Pero aprende cuando cortar y marcharte.
- Sé gracioso, pero no seas un payaso. No seas demasiado cómico físicamente o te menosprecies.
- Relájate y no te tomes todo demasiado en serio. Lo primero y más importante, coquetear debe ser divertido. No conseguirás que una mujer te hable y actúe como si fueras a la guerra.
- Sé amable y simpático con las amigas con los que esté, pero asegúrate de no coquetear con ellas también. Encuentra tu

objetivo y mantente concentrado. Aunque, si encuentras que no es receptiva y alguien más lo es, no hay nada malo en cambiar de objetivo.

- Si vas bien pero estás con amigos, preséntaselos y o bien invítalos a la conversación o diles que regresarás un rato. Asegúrate de que ella pueda decir que sigue siendo tu centro de atención aunque estén cerca, pero demuéstrale que no eres un imbécil que se deshace de sus amigos por una cara bonita. Ella te respetará por tu lealtad.

Lo que no se debe hacer

- Nunca digas "Hey baby, cariño, tesoro..." o cualquier otro "lindo nombre". No es lindo. No lo hagas.
- No te agobies con una mujer. Ten en cuenta tu espacio personal.
- No hagas un movimiento en el que vayas a su espalda por obtener el número de una amiga. Pidelo tú mismo. Esto no es la escuela secundaria.

- Nunca le digas que sonría o que se vería más bonita si lo hiciera.

- Nunca la compares con un ángel, un edificio, o básicamente cualquier otra estructura.

- Puedes coquetear con una mujer casada, pero parte de ser un verdadero hombre es respetar a la mujer de otro hombre. Un poco de coqueteo amistoso está bien, pero ten mucho cuidado. Lo mismo ocurre con una mujer que tiene un novio serio o una pareja de larga duración.

- Puedes coquetear con strippers, pero date cuenta de que son strippers. Su trabajo es hacerte sentir bien y cuidado a cambio de dinero. No te enamores de su acto escénico.

- Si coqueteas con cajeras, baristas y otros empleados del servicio de atención al cliente, no les quites mucho tiempo. Quieres gustarles y/o que se diviertan, no que se metan en problemas con sus gerentes o que molesten a los clientes que están en la fila detrás de ti.

- No envíes fotos intimas. Incluso cuando estés en una relación, ten cuidado. No sólo

se ofenden demasiado pronto, recuerda
que probablemente no la borrará, y podría
empezar a circular.

- No debería tener que decir esto, pero no
hagas ningún gesto lascivo. Puede que
pienses que estás siendo gracioso, pero no
lo eres. Eso asustará a las mujeres, y
probablemente también te hará ver mal
frente a los hombres que te rodean. Y eso
si no te echan del edificio.

- No le hagas demasiados cumplidos.
Resultará poco sincero, y no te creerá más.

- Aunque no debes olvidar a tus amigos,
tampoco dejes que influyan demasiado.
Los hombres tienden a tratar de lucirse
frente a sus amigos, especialmente cuando
se trata de "atrapar" a las mujeres. No lo
hagas. Nos hace ver a todos como cerdos.

- No hagas nada con ningún compromiso.
Aunque debes tener la confianza suficiente
para creer que lograrás tu objetivo en el
coqueteo (sea cual sea), no pienses que ella
tiene que hacer algo sólo porque le
compraste un trago y la hiciste reír. No
tienes derecho a nada.

Una advertencia: Aunque la mayoría de los lugares son generalmente adecuados para el coqueteo, hay circunstancias específicas en las que se puede esperar que la mujer señale algún tipo de interés.

Por ejemplo, bibliotecas, consultorios médicos e incluso funerarias parecen ser lugares obvios que tal vez quieras contener un poco. Además, ten en cuenta que no todas las ocasiones son adecuadas para el coqueteo. Mientras que las bodas parecen clichés, otras ocasiones como una audiencia en la corte pueden terminar costándote una vergüenza no deseada.

Una buena regla a seguir aquí es el sentido común. Si la situación se dicta a sí misma, entonces, por supuesto hazlo. De lo contrario, ser amigable y cortés podría ser tu mejor apuesta.

En la siguiente sección, vamos a ver las diferentes situaciones de coqueteo que puedes encontrar. Y si te gusta lo que has aprendido hasta ahora, o has encontrado beneficios, siéntete libre de dejar una reseña en Amazon. Realmente lo aprecio, ya que tus comentarios significan mucho para mí.

Tercera parte: Situaciones específicas

Capítulo 8: Coqueteo online

Coquetear online no es sólo una gran manera de hacer crecer el interés de una mujer por ti; ¡puede ser muy divertido!

Pero antes de empezar, repasemos algunas reglas básicas:

Lo que sucede online, permanece online... para siempre

En muchos sentidos, coquetear online se remonta a cuando éramos niños pasando notas en clase. Tienes la emoción de esperar la respuesta y esa prisa cuando vuelve y es positiva y el coqueteo va hacia adelante. Sin embargo, al igual que estos apuntes, los coqueteos virtuales pueden volver para morderte el trasero. Ahora, sin embargo, si tu profesor te coge en el acto y lee tu nota en voz alta es la menor de tus preocupaciones.

Cuando era un niño y empezaba a salir con alguien, mi madre me dio un gran consejo. Me dijo que nunca escribiera algo, ni siquiera en una nota, o tomara una foto que no quisiera que el mundo viera. Así que, siempre ten cuidado en Internet, nunca sabes quién va a ver lo que escribes. Después de todo, incluso si algo se borra, se almacena en algún lugar, prácticamente para siempre.

Los emoticonos y los emojis

Una nota rápida antes de empezar. Siempre ten mucho cuidado con el uso de los emoticonos y los emojis. Siéntete libre de usarlos, pero no los uses en exceso. No es necesario que termines tu mensaje con siete tipos diferentes de caritas sonrientes.

Además, ten cuidado con el uso de emojis con significados secretos. No sólo podrías ofender, sino que honestamente, puede que no sepan lo que estás diciendo. Para algunas personas, un emoji de una berenjena es sólo un emoji de una berenjena.

Por otro lado, siempre asegúrate de conocer todos los significados por ti mismo. He conocido a varios coqueteadores de mensajes de texto más antiguos que no se dieron cuenta de que había otros significados detrás de ciertos emoticonos y se metieron en algunas situaciones embarazosas.

Procede con cautela

Tienes que ser tan cuidadoso al acercarte a las mujeres online como lo eres en la vida real, tal vez incluso más, tanto por el bien de ellas como por el tuyo. Nunca sabes con quién estás hablando online, ni ellas. Podrías pensar que estás hablando con alguna hermosa estudiante universitaria de veinte años en Twitter sólo para descubrir que es una escoria de cuarenta y cinco años que no tiene nada mejor que hacer con su tiempo que ser un troll online. También debes tener cuidado con las estafas, los bots y los depredadores.

Y recuerda, cada peligro online al que tiene que estar atento es uno del que ella también será cautelosa. De hecho, para las mujeres, puede ser aún más peligroso, así que tendrán más cuidado con quién hablan. Sólo ten esto en cuenta y sé paciente; mientras seas sincero con ella y esté realmente interesada, se abrirá.

Por supuesto, hay algo más que la seguridad que debes considerar cuando entablas una conversación virtual con una mujer. A continuación me referiré a las mejores formas para cada tipo de interacción online, pero hay una regla que es universal para todas las plataformas: NO HAY LÍNEAS DE CONEXIÓN.

Ya hemos hablado de esto antes en este libro, pero hay un nivel extra de percepción y, a veces, de vergüenza que viene con las líneas de recolección online. En el chat, el correo electrónico y los mensajes de texto, una mujer no puede ver tu lenguaje corporal. No tendrá forma de saber con seguridad si estás bromeando,

coqueteando, hablando en serio o eres un idiota.
Ella sólo tiene las palabras en su pantalla para
pasar. Tus intenciones están a merced de su
interpretación. La mayoría de las veces, una frase
de ligue que crees que es linda o inteligente
resultará estúpida o espeluznante, muchas veces
ambas cosas.

Mensajes de texto

Asegúrate de avanzar en la conversación. No te
detengas en los temas por mucho tiempo o puede
sonar como si estuvieras obsesionado, y la
terminará contigo. Si un chiste se cae, sigue
adelante.

La idea es involucrar a la mujer haciendo
preguntas o declaraciones que ella querrá
responder y mantener en la conversación.
Siempre mantén tus textos simples y directos.
Quieres que ella entienda exactamente lo que
quieres decir y que no piense que quieres decir
algo más. Se pierde mucho en los mensajes de
texto, incluso con el uso de emojis. No se lee
demasiado entre líneas.

Si usas insinuaciones, mantenlas divertidas y ligeras y toca el humor sexual, pero no te metas en ellas. Ten cuidado con el envío de fotos y memes sugestivos. Asegúrate de que tenga un sentido del humor similar.

Intenta hacer planes en un texto con una actividad definitiva. Por ejemplo, no digas simplemente "¿Quieres ir al cine alguna vez?" Es pasivo, y las mujeres no responden al pasivo. Les gusta cuando hay una pregunta definitiva a la que pueden responder sí o no.

Así que en vez de eso podrías escribir "Estoy muy interesado en esa nueva comedia que salió esta semana. ¿Quieres ir a verla el viernes por la noche?"

Esperando para llamar o enviar un mensaje de texto

Ahhhh… la eterna pregunta… ¿Debo esperar un cierto número de días para enviar un mensaje de texto o llamar?

Mi sentimiento es el siguiente: mientras no la abrumes, puedes enviarle un mensaje de texto en cualquier momento, pero cuanto más lo hagas, menos tiempo le darás para que piense en ti. Es algo contraintuitivo, ¿no? Pensarías que cuanto más le escribas, más pensará en ti, ¿verdad?

Tienes que dejar que te eche de menos. Tienes que dejar que su cerebro empiece a crear una fantasía a tu alrededor rellenando los espacios en blanco.

Aquí está el ejemplo masculino: ¿Alguna vez has visto a una mujer caminando hacia ti en la calle? No se pueden distinguir todos sus rasgos, así que tu cerebro rellena los detalles para hacerla lo más bella posible. Luego ella se acerca, y puedes ver más, y no es lo que imaginaste. Cada vez más cerca. Ella puede ser hermosa, pero no es lo que imaginaste en tu cabeza.

Enviar mensajes de texto a una mujer es un poco lo mismo. Deja que ella cree la imagen de ti en su cabeza a partir del mensaje y las fotos. Si le mandas demasiados mensajes, podrías crear un problema. Ahora ella tiene más información, pero no es cara a cara. Ella va a empezar a crear una imagen, y podría no ir a tu favor.

Sin embargo, esto puede causar un dilema. No quieres que esa fantasía que estás creando crezca demasiado y tome vida propia. No quieres arreglarte para una cita, y de repente se de cuenta de que no te pareces en nada a lo que ella creó en su mente. Así que no esperes demasiado tiempo para pasar de los mensajes de texto a pasar tiempo juntos en persona.

Si ya se conocieron y crearon un diálogo, ahora tienen una base con la que pueden improvisar, bromear y burlarse. Puedes llevar las cosas más allá, usando insinuaciones con la información que reuniste de tu encuentro en persona.

Está bien hacer bromas sobre el sexo, pero no lo conviertas en el centro de tu conversación. Úsalo como un probador, pero no te detengas en él.

No envíes varios mensajes de texto antes de recibir una respuesta, y nunca preguntes "¿estás ahí?". "u otros comentarios que puedan ser tomados como espeluznantes. Además, comprueba la ortografía antes de pulsar "enviar".

Medios de comunicación social

Las redes sociales se han convertido en un área completamente nueva para el coqueteo, y hay un conjunto de reglas completamente nuevas sobre cómo hacerlo correctamente.

Cada plataforma tiene su propia manera de interactuar y coquetear, pero aquí hay una regla general.

Manténla contenta. Mantén tus problemas personales, días malos, quejas y opiniones políticas fuera de las redes sociales si quieres que la gente te responda. Las mujeres no quieren ver tus días malos. Quieren ver a un hombre viril que tiene el mundo por la cola. Sí, todos tenemos días malos y fracasos, pero las redes sociales no son el lugar para airear tus quejas.

Mira algunas de las cuentas más exitosas que hay. Claro, son celebridades, y la gente las sigue porque son famosas, pero puedes aprender de ellas. ¿Qué tienen en común? Mensajes positivos, edificantes y motivadores. No tienes que sonar como un entrenador de vida o un gurú de la autoayuda, pero mantente positivo.

Presentación

Hablamos de que es importante presentarse en persona, pero lo mismo ocurre en Internet.

En las redes sociales, asegúrate de usar una buena foto de perfil que te muestre bien. Puedes parecer divertido, pero no una que te haga parecer estúpido. En la descripción de tu perfil, pon información pertinente sobre ti. Suena como una persona real.

Instagram

Instagram es un gran lugar para conocer gente y coquetear online, ya que es una plataforma basada en fotos y textos.

- Ten cuidado con las fotos que te gustan. No revises la cuenta de una mujer y una tonelada como ella. Parecerás desesperado y un poco raro.

- Mantén tus fotos actualizadas y divertidas. Quieres que la gente sepa que tienes una vida genial y que eres una persona real. Demasiadas fotos viejas o escenificadas pueden hacer que la gente piense que no eres real o que estás tratando de encubrir algo.

- Ten cuidado de no escarbar demasiado en las fotos del pasado de alguien. Si te quedas con las fotos recientes al principio, no pensarán que estás escarbando en su pasado o que te estás involucrando demasiado. Podrías tener una oportunidad cuando mencionen que tomaron un cierto tipo de foto en su línea de tiempo y luego puedes comentar "¡Tengo que ir a ver eso!" y volver a su historia.

- Deja comentarios inteligentes pero asegúrate de que no suenen espeluznantes o que tengan algún tipo de significado oculto que no entiendan.

- Usa las historias de Instagram. Esta es una característica muy buena porque desaparece después de 24 horas. Puedes publicar cosas que muestren tus intereses sin parecer presumido o lleno de ti mismo. Si hay cosas que compartes con tu amigo, es una oportunidad de hacer conexiones sin transmitir al mundo para siempre en tus líneas de tiempo.

- Espera la respuesta. No sigas publicando o enviando mensajes a alguien cuando no has recibido respuesta. Las mujeres verán esto como una desesperación o posiblemente algo peor. Ten paciencia.

- Asegúrate de decir algo interesante. No hagas los mismos comentarios, chistes o declaraciones. Asegúrate de que es algo que se relaciona con ella. Haz preguntas, usa el tira y afloja para conocerlas y encuentra más información para más coqueteo y comunicación.

- No te lo tomes demasiado en serio. Como todo coqueteo online, hay una sensación de anonimato detrás del teclado. La gente suele ser más propensa a escribir cosas que no diría en persona. Para asegurate de no ser demasiado serio. Si te gusta la persona y quieres perseguirla, muévela a Facebook, a la mensajería directa o incluso mejor… a la vida real.

Twitter

Aunque Twitter se ha convertido más en un griterío político en los últimos años, sigue siendo un gran lugar para comunicarse y coquetear. Debido a que está limitado a un cierto número de caracteres, te obliga a ser creativo con palabras limitadas.

Siempre hay que tener cuidado de no pasarse de la raya, o en un montón de lugares que pueden prohibirte o pueden difundir algo en el Twitterverso. No le hagas una foto que no quieras que el mundo vea porque puede que lo hagan.

Si has publicado algo interesante o genial, o una declaración con la que estés de acuerdo, como el tweet y el retweet de ellos.

El viernes, haz una lista de personas y haz un Tweet de #followfriday que las incluya.

Facebook

Facebook es un poco diferente porque necesitas ser amigo de alguien antes de poder comunicarte realmente. Por lo tanto, necesitas conocerlas a ellas o a sus amigas antes de poder empezar algo.

Si son amigas de un amigo, envíales una solicitud de amistad con una nota que mencione tu conexión. Si se trata de alguien con quien no tienes conexión, yo tendría cuidado de enviar solicitudes de amistad a ciegas. Pueden denunciarte por eso, y demasiadas ofensas harán que te prohíban la entrada a Facebook.

Busca amigos en común y una foto que muestre a alguien que conozcas. Le gusta tu foto y luego considera enviar una solicitud de amistad. Una vez que la solicitud de amistad se haya completado, envíale un mensaje corto sólo para saludarla y decirle que fue un placer conocerla o como sea.

Después de hacerse amigos de Facebook, publica en su página las cosas que te gustan y con las que tienes una conexión. ¿Sabes que tiene un perro?

Publica una linda foto o video de un cachorro en su página con una simple nota "Me recordó a ti".

No exageres. No publiques demasiado o hagas demasiados comentarios o gustos. Puede ser una línea muy fina entre coquetear y acosar, así que ve con la idea de que menos es más. Inicia una cadena de conversación.

Usa el mensajero para enviarles un mensaje, pero asegúrate de que haya una razón para el contacto. Incluso si se muestra que están online, no va nunca bien decir "Hey, ¿qué estás haciendo?"

Haz una conexión. ¿Publicó una foto que te gustó? Entonces encuentra una conexión con ella. Tal vez publicaron una foto de Chicago y tú naciste allí. Menciona eso.

Sigue con la conversación. Responde a sus preguntas y luego espera su respuesta. Envía otra pregunta basada en su respuesta. Comprométete con ella.

Desconéctate. No dejes el coqueteo online para siempre. Sugiere que se reúnan en persona para tomar café o bebidas.

Aplicaciones para citas

Ah... aplicaciones para citas. Después de milenios de que los hombres necesitaban salir a cazar para tener oportunidades de conocer mujeres, la tecnología ha llevado la caza hasta la punta de los dedos.

Ahora puedes deslizarte a la izquierda, conocer mujeres y coquetear sin dejar nunca la comodidad de tu propio sofá. ¿Pero las reglas son diferentes? ¿Necesitas enfocarlas de manera diferente?

Lo primero que debes entender es que, y probablemente sea bastante obvio, las mujeres están en sitios de citas y aplicaciones porque quieren conocer hombres. A diferencia de un bar, las mujeres van a crear un perfil para conocer a alguien. Si están en un bar o restaurante, puede que sólo quieran tomar una copa o comer y puede que ya estén en una relación o que simplemente no la estén buscando.

Así que, esto significa que tienes la oportunidad de trabajar en tus habilidades de coqueteo con alguien que esté realmente abierto a ellas.

La mayoría de las aplicaciones funcionan igual, seleccionando a la gente que te parece atractiva e interesante. Una vez que se hacen las coincidencias, te dan la oportunidad de interactuar, pero cada aplicación tiene su propia manera de hacerlo. Algunas aplicaciones cobran por desbloquear algunas funciones, mientras que otras pueden requerir que pagues incluso por la comunicación básica.

Ten cuidado con los bots y las estafas en las aplicaciones, como en otros sitios de citas.

Además, ten cuidado de no convertirte en un fechador en serie en las aplicaciones. Una vez salí con algunas chicas en algunas de las aplicaciones, y resultó que se hablaban por Internet. Me explicaron que aunque las chicas sólo tenían cosas buenas que decir sobre mí, había otros hombres en las aplicaciones con los que intercambiaban información frecuentemente.

¿Qué aplicación debería probar?

Parece que todos los días hay una nueva aplicación para citas, pero hay menos de media docena que se han convertido en la forma más exitosa de conocer y coquetear con ellas. Aquí están algunas de las más populares:

Tinder

Probablemente la más popular de todas las aplicaciones para citas, Tinder afirma tener más de 50 millones de usuarios activos y creó el ahora ubicuo "swipe left/swipe right" que es ahora la norma para la mayoría de las aplicaciones para citas. Se ha convertido en un fenómeno mundial que se utiliza en más de 140 países y 30 idiomas.

Está limitado a un cierto número de *pases* por día a menos que pagues por una membresía. Además, la compra de una membresía puede darte beneficios especiales como buscar gente en diferentes áreas, deshacer los pases y los

"supergustos", que teóricamente te hacen más
visible.

Bumble

Esta aplicación se ha vuelto más y más popular
debido a la forma en que le da el poder a las
mujeres. Cuando dos personas coinciden, la
aplicación requiere que las mujeres te envíen un
mensaje primero, y si no respondes en 24 horas,
pierdes el partido.

Bumble también cuenta con secciones de amistad
y redes de negocios. Con una membresía pagada,
recibes muchos de los mismos tipos de beneficios
que Tinder.

Bumble tiende a inclinarse un poco más, y la
mayoría de las mujeres dicen que buscan
relaciones serias, pero definitivamente hay
mujeres de todas las edades que buscan varias
conexiones.

Happn

Es una aplicación interesante porque mientras otras aplicaciones te dicen quién está cerca, ésta te dice quiénes están a punto de conocerse. Usando las capacidades de GPS de tu teléfono, te dice con quién has estado cerca. Puede que casi hayas conocido a una chica guapa en tu cafetería y que ni siquiera lo sepas. Bueno, ahora puedes escribir y hablar con ella.

La aplicación no te lo dice de inmediato, por lo que ayuda a eliminar cualquier factor de arrastre o acecho. Es una gran manera de encontrar intereses o actividades comunes y comenzar una conversación y coqueteo con la información.

Match.com

Como Match.com y otras aplicaciones de sitios de citas, esto es más sobre encontrar una cita. Al igual que los sitios mencionados, la mayoría van a requerir que pagues antes de que puedas encontrar una interacción significativa.

Correo electrónico

El correo electrónico es simplemente la forma moderna de enviar notas o lo que solía llamarse cartas de amor. Requiere un poco más de delicadeza en la escritura y un coqueteo experto, pero no es de ninguna manera imposible.

* No olvides que los cumplidos y las insinuaciones también funcionan en los correos electrónicos.
* Déjalas preguntándose. Escribe cosas que les hagan hacer preguntas y que les devuelvan la duda. Deja caer migas de pan sobre una cosa interesante que te pasó por la que ellas querrán leer más.
* No escribas un libro. Es más largo que un texto, pero no necesitas escribirles miles de palabras. Y siempre recuerda usar saltos de párrafo.
* Siempre comprueba de nuevo a quién estás enviando el correo electrónico. Asegúrate de que tienes la dirección correcta y que no haya CCs accidentales de CCBs. ¡No querrás enviar accidentalmente un email sexy a tu madre!

Capítulo 9: Restaurantes, Bares y Clubes Nocturnos

Probablemente el lugar más común para conocer mujeres es cuando sales con tus amigos o incluso solo. Por lo general, la gente termina en un bar o restaurante, y hay formas especiales de acercarse a la gente en esos lugares.

Ya he discutido algunos de los fundamentos sobre cómo acercarse a las mujeres, lo que se aplica a la mayoría de los lugares, no sólo a los bares y clubes y similares. Pero aquí hay algunos más específicos.

Bailando

Algunos chicos piensan que la mejor manera de acercarse a una chica en un club ruidoso es empezar a bailar. O le gusta, o se va.

No. No hagas esto.

Para empezar, es realmente sin clase, sin mencionar que dependiendo de cómo lo hagas, podría confundirse honestamente con un intento de agresión sexual. Y ni siquiera hemos llegado a su novio que pelea en una jaula de MMA y que ha estado mirando todo el tiempo. Incluso si no está con un novio grande o un amigo o pariente igualmente grande, lo más probable es que esté allí con una o más amigas. Las mujeres se mantienen unidas, especialmente en una noche de fiesta, y se aseguran de que todos los miembros de su grupo se sientan seguros mientras se divierten. Así que, ahórrate las posibles bofetadas, arrestos o golpes en el trasero y actúa como un hombre.

Atrapa su mirada, asiente con la cabeza al ritmo de la música y sonríe. Muévete suavemente hacia

adelante y hacia atrás mientras mantienes el
contacto visual. No hagas ningún movimiento de
baile, sólo muévete ligeramente al ritmo de la
música. La mayoría de las veces, te invitará a
bailar con ella.

Mira las líneas de recogida

Ya hemos hablado de esto, así que ya deberías
saber que una conversación legítima siempre te
llevará más lejos que una frase cursi para ligar.
Recuerda que estás con alguien que
probablemente ya ha sido golpeada media docena
de veces o más antes de que la vieras.

Sé genuino. Además, date cuenta de que muchas
veces no podrás tener una conversación profunda
en un club ruidoso. Busca las oportunidades de
hablar con ella cerca del bar o de otros lugares
donde la música no sea tan distractiva.

Ten en cuenta que los clubes son ruidosos y
pueden requerir que grites o te inclines muy
cerca. Esto puede resultar contraproducente, ya
que puede hacer que tu objetivo potencial se
sienta incómodo. Si es posible, encuentra un

lugar menos ruidoso. Por supuesto, si eso no es posible, los gestos con las manos funcionan bastante bien. Lo principal que hay que evitar es acercarse demasiado, ya que esto puede desencadenar una respuesta defensiva.

Enviando bebidas

No soy un fan de esto. Si te gusta alguien y quieres invitarle un trago, ve y habla con ella. El comprar una ronda de bebidas para su mesa es mostrar que estás tratando de comprar su interés con dinero y alcohol. Personalmente, creo que simplemente estás tirando tu dinero.

Al caminar y tomar un trago con una mujer de modo personal, tienes unos minutos para hablar mientras bebes. Conozco a muchas mujeres que van a los bares con la intención de conseguir bebidas gratis sólo por su aspecto. Aunque no lo creas este tipo de comportamiento sigue vigente.

Sin embargo, hay que tener en cuenta que algunas mujeres se resisten a aceptar bebidas de desconocidos, incluso cuando es bien intencionado, ya que pueden preocuparse por algo que se deslice en las bebidas. Dado que, lamentablemente, esto es común, es conveniente que te asegures de establecer algún tipo de contacto visual antes de intentarlo.

Si notas que una mujer hace algo como meter la uña en la bebida que le compraste antes de probarla, probablemente esté probando si has usado las famosas drogas de violación en citas. En los últimos años, se han inventado algunos dispositivos para ayudar a las mujeres a identificar cuando algo se ha deslizado en sus bebidas, incluyendo el esmalte de uñas que cambia de color si hay ciertas drogas presentes. No te ofendas por esto. No es nada contra ti personalmente. Déjala hacer lo que la haga sentir más cómoda, y pronto verás que al menos puede confiar en ti lo suficiente como para beber y charlar contigo. Si no, es mejor para los dos si siguen adelante.

Cómo coquetear con las camareras y los bartenders

Lo primero que debes saber es que las camareras y bartenders coquetean para ganarse la vida. Por lo tanto, debes tener cuidado de que lo que crees que es la reciprocidad, no sea sólo que busquen una propina más grande.

Las camareras y los bartenders aman la confianza, pero no el exceso de confianza. Hablar de ti mismo y tirar el dinero no va a hacer que te den su número. De hecho, muchas camareras usan esto como excusa para que vuelvas, salgas y gastes más dinero.

He salido personalmente con varias camareras y bartenders, y de lo que me di cuenta rápidamente es que tienen dos estilos diferentes de coqueteo. Primero, tienen el que usan contigo y el que usan con la persona con la que salen. Esta es su verdadera personalidad, la que ves cuando no están en el trabajo.

Luego tienen su "acto" que se ponen en el trabajo. Aunque pueden ser muy similares, se puede notar la diferencia.

Siempre presta atención a sus ojos. Si aprendes las señales, puedes diferenciar entre una sonrisa para conseguir una mayor propina y

una sonrisa con un brillo en los ojos que es la
señal de un interés legítimo en ti.

No intentes la ruta de la charla pequeña,
tampoco. No comentes sobre su apariencia o su
traje. Esto podría resultar contraproducente.
Recuerda que a menudo se visten o se ven de
cierta manera para el trabajo, así que los
cumplidos sólo significan que su aspecto está
funcionando. Recuerda que escuchan esos
cumplidos docenas de veces en cada turno, y los
usan para tener mayores propinas.

Busca formas de halagar y hablar de su
personalidad e intereses. Consigue que hable de
la vida fuera del bar o del restaurante.

Recuerda siempre que están **trabajando**. Están
trabajando y ganando dinero, así que no dominan
su tiempo. Sin embargo, si notas que pasan
mucho tiempo hablando contigo y no con todos
sus clientes, es una buena señal.

Cuando les ofrezcas tu número, no te quedes
después. Dáselo, sonríe y vete. Tienen muchas
cosas en la cabeza.

Deja que vengan a ti. Si una camarera o un camarero está en un descanso, recuerda que es su descanso. Puede que sean los únicos diez minutos que tienen toda la noche para descansar o comer. Interrumpir eso no va a hacer que te quieran.

Si frecuentas un bar y hay una camarera o un barman que te interesa, intenta entrar en una noche más lenta en la que tendrán tiempo para hablar. Tendrás que hacer una pequeña investigación para esto y asegurarte de que lo haces sin el factor sorpresa. Pregúntale a ella o a sus compañeros de trabajo con indiferencia qué noches de la semana trabajan. Continúa con una pregunta sobre qué noches son lentas. ¡Pero sé bueno!

Cuando la visites en una noche más lenta, no intentes dominar su tiempo. Mira si te habla y sé agradable cuando lo hagas. Cuando te prepares para salir, sabrás si está interesada. Sin embargo, si no lo está, no sigas viniendo o podrías empezar a hacerla sentir incómoda. Seguirá siendo agradable porque es su trabajo, pero cualquier posibilidad de conseguir su número habrá desaparecido.

Y si empiezas a ser inapropiado, recuerda siempre que los porteros de los bares suelen ser muy grandes y tienen mucha experiencia en lanzar a los chicos a la calle.

Capítulo 10: En el trabajo

Comencemos con una advertencia: ¡Sé muy cuidadoso al coquetear en el trabajo!

Si bien es cierto, mucha gente ha encontrado allí los amores de su vida (así como algunas divertidas aventuras), el coqueteo y las citas en la oficina pueden ser muy peligrosos. Puede que haya regulaciones reales contra las citas; lo más probable es que tengas un manual muy detallado sobre el acoso sexual en el trabajo.

Si sale mal, el mejor de los casos es un ambiente de trabajo incómodo, mientras que el peor de los casos es que te suspendan, reprendan o incluso pierdas tu trabajo. Ni siquiera tiene que ser algo que hayas hecho. Con demasiada frecuencia, el coqueteo más inocente puede ser malinterpretado y causar enormes problemas relacionados con el trabajo.

Siempre mantente ligero y bromista y siempre sé apropiado. Al principio, nunca te aventures en el área del sexo o de una naturaleza inapropiada. Nunca comentes sobre su cuerpo, actos sexuales o cualquier cosa en esta área. Además, nunca toques a tus compañeros de trabajo. En muchas empresas, estas no son sólo cosas buenas para cumplir, son literalmente contra las reglas y podrían hacer que te despidieran.

Es obvio que es una zona segura

Un nuevo peinado o traje es una gran manera de coquetear pagando un cumplido. Es algo que todo el mundo puede ver y algo por lo que una mujer está muy feliz y le encantaría el cumplido.

Pero, como siempre, observa el factor sorpresa. No mires, no le des insinuaciones sobre su aspecto o sobre lo que te gustaría hacerle. Sólo hazle un cumplido sincero y honesto.

Ten cuidado con los cumplidos sobre cosas no tangibles como la personalidad. Una cosa es decir que tienes un gran sentido del humor, pero ten cuidado de no profundizar en los rasgos de personalidad que puedan parecer más invasivos en su vida privada.

La bebida y los compañeros de trabajo

Ten mucho cuidado cuando se trate de la bebida. En los últimos años, cada vez más empresas han eliminado la tradicional fiesta de vacaciones debido a la reducción de los presupuestos, pero también porque intentan evitar posibles escenarios de situaciones sexuales inapropiadas. Sin embargo, todavía hay eventos después del trabajo, fiestas y similares.

Ten cuidado y asegúrate de tener siempre el control. Puede ser un momento de diversión e incluso puede llevar a más, pero el día siguiente en el trabajo puede ser muy incómodo.

Puedes tener mucho éxito con ella porque estás lejos de los confines del trabajo. Sólo usa los consejos que ya hemos discutido para impulsar el coqueteo.

Tu eres tu propio mejor juez

Si comentaste y te sientes extraño después, es una buena señal de que fuiste demasiado lejos. Puede que quieras encontrar la manera apropiada de disculparte, pero que sea simple. No empeores la situación. Si fue realmente mala, puede que recibas una visita de recursos humanos a tu oficina. Asume la responsabilidad de lo que has dicho; sé concreto y honesto.

Sé muy observador de sus reacciones desde el primer coqueteo. Si se ve incómoda o sorprendida, es una señal de que debes parar. Si responde, es una señal de que estás bien. Tranquilízate. Si te das cuenta de que tu coqueteo no es bienvenido, no lo hagas raro. Continúa hablando y siendo agradable. Todavía tienen que trabajar juntos.

Además, ten en cuenta que puede que no vuelva a coquetear inmediatamente. Pueden pasar unas horas o días antes de que responda. No lo hagas raro mientras tanto, revoloteando, molestándola o haciendo un gran escándalo al respecto. Sé bueno, y las mujeres responderán a ello.

A medida que el coqueteo progresa y se intensifica, podrás aumentar la intensidad. Pero siempre debes estar atento a sus reacciones. Además, asegúrate de que no llegue al punto de que empiece a ser notada por los demás en la oficina. Esto podría llevar a problemas de trabajo o a una visita de recursos humanos.

Incluso podría suceder que le gustes, pero te dice que el trabajo no es el lugar donde se siente cómoda interactuando así. Eso no es algo malo. Le gustas, pero sólo tienes que ajustar tu enfoque.

Encontrar los puntos en común

Usa tu experiencia laboral como un inicio de coqueteo. Habla de un proyecto en el que estés trabajando o de una fecha límite próxima. Tal vez habla de cómo podrías reaccionar en ciertas situaciones.

Tal vez incluso jugar a algunos juegos de "Qué pasaría si". Bromear con ella sobre cómo sería si los dos dirigieran la empresa o algo tonto como si vendieran dulces en lugar de piezas de fotocopiadoras en el negocio. Mantenlo divertido y hazla reír y estarás en el buen camino.

No lo divulgues

Hay algunas personas, hombres y mujeres, a las que les encanta coquetear. Es parte de su personalidad, y lo difunden. Coquetean con compañeros de trabajo, amigos, el barista o una mujer cualquiera en la calle. Básicamente, con todos los que interactúan a diario.

Sin embargo, la mayoría de la gente no es así, y muchas veces la gente que lo hace es vista negativamente.

Así que, ten cuidado al coquetear con todos en el trabajo. Si hay alguien que te interesa específicamente, vas a tener mucho más éxito si sabe que es la única con la que coqueteas. Si saben que coqueteas con todos en la oficina, no te tomarán en serio, y puede que incluso te etiqueten como el coqueta de la oficina o algo peor.

Capítulo 11: Con los vecinos

Las comedias y novelas románticas están llenas de hombres y mujeres que coquetean con sus nuevos vecinos, eventualmente ganándoselos y viviendo felices para siempre, pero ¿es realmente una buena idea? Como con el coqueteo en el trabajo, es un área social gris.

Así que, una vez más: TEN CUIDADO.

Coquetear mal en el trabajo podría llevar a quejas por acoso sexual y posible pérdida del trabajo. En su mayor parte, sin embargo, tendrás un refugio de la debacle en tu propia casa. Si coqueteas con un vecino y sale mal, no sólo puede ir horriblemente mal, sino que siempre estará ahí mirándote a la cara.

No es que necesites evitarlo por completo. De hecho, la mayoría de la gente es probablemente culpable de coquetear con un vecino por alguna diversión inofensiva, como cuando coquetea con un cajero en la caja. Aún así, tienes que tener más cuidado con la forma en que lo haces.

Más vale prevenir que lamentar

Antes hablé de que un poco de coqueteo con una mujer casada sólo por diversión está bien siempre y cuando no te pases de la raya. Lo mismo se aplica aquí, pero podría ser necesario tener más precaución. Los vecindarios, ya sean de casas tradicionales o de edificios de apartamentos, son famosos por los chismes que se extienden como el fuego. Si te ves atrapado en un inofensivo coqueteo con una vecina casada, se correrá la voz y probablemente no terminará bien para ninguno de los dos.

La práctica hace la perfección

Dicho esto, tus vecinas también pueden ser las personas perfectas para practicar tus habilidades de coqueteo. Si no estás tan cerca de ellas, puedes ver si puedes encender el encanto y cautivarlas, o al menos hacer que se diviertan un poco, puede ayudarte a medir tus habilidades. Si normalmente tienes la sensación de que no les gustas, mejor. Si puedes conseguir que la Srta. Landry del 3B, que odia tus agallas, sonríe, no deberías tener problemas con la mujer más relajada que se toma una cerveza en el bar.

El mejor momento para ejercitar los músculos del coqueteo es en las reuniones del vecindario, como una barbacoa, una comida o una fiesta de la cuadra. Tendrás tu elección del grupo, y cualquiera de ellos está casado, sus cónyuges probablemente estarán allí para ver que no haya daño, así como múltiples testigos.

Vecina nueva

Ah, sí, la fantasía de Hallmark/Lifetime de encontrar el amor con el nuevo vecino. Es un poco cursi, pero todo es posible. Con su proximidad, debería haber muchas oportunidades para coquetear con la nueva chica de al lado. El truco está en hacerlo sin parecer un asqueroso.

Regalo de inauguración de la casa

Puede parecer un cliché de comedia, pero un regalo de inauguración sería la oportunidad perfecta para presentarte a tu nueva vecina. Podrás charlar un poco con ella, e incluso podría

invitarte a la casa a tomar una taza de café si
siente que no eres demasiado amenazante.

Asegúrate de que el regalo que traigas sea algo
único, no unas galletas compradas en la tienda o
una planta en maceta. Regálale algo que sea
apreciado por alguien que se acaba de mudar,
como una comida casera de verdad o alguna obra
de arte para las paredes. Úsalo como tu
oportunidad para romper el hielo con ella y tal vez
mostrar uno de tus talentos, como cocinar,
hornear o pintar.

Y ten en cuenta las horas en las que vienes a dejar
el regalo. Asegúrate de que es un momento
apropiado para las visitas, ni muy temprano ni
muy tarde. De lo contrario, puede que se
desactive por tu exceso de entusiasmo si llegas
demasiado pronto o por tu aspecto repugnante si
llegas demasiado tarde.

Ofrecerse a ayudar

¿Sabes cómo armar muebles o instalar el WiFi?
¿Eres un manitas particularmente bueno o estás
dispuesto a ayudar a guardar cosas? Ofrécete

para ayudar a tu nueva vecina a instalarse. Esto te dará una excusa para pasar más tiempo con ella en su casa y te proporcionará más oportunidades para el coqueteo no verbal. Puedes tocar sutilmente su mano mientras te da una caja, puedes mostrar tu físico mientras te estiras para poner el último libro en el estante superior, e incluso puedes jugar un poco, bailando con cualquier música que haya puesto en su lista de reproducción, ya que la televisión aún no está conectada.

Tu ayuda tampoco tiene que limitarse a las tareas domésticas. Ofrécete a darle un tour por el vecindario o la ciudad. Llévala a tu lugar favorito para almorzar o muéstrale el mejor parque para perros. Actúa como si le estuvieras contando los secretos de tu ciudad y de tu barrio, y ella lo disfrutará como tal.

El encuentro del correo

Este es bastante cliché. Tan cliché, de hecho, que se han burlado varias veces en comedias como *The Big Bang Theory*. Sin embargo, eso no significa que no funcione.

No hablo de robar el correo de tu nueva vecina sólo como una excusa para hablar con ella. Sin embargo, todos tienen que revisar su correo eventualmente. ¿Por qué no te aseguras de revisar el tuyo en un momento en el que puedas tropezarte con ella? No intentes ignorarla necesariamente como un accidente, ya que las mujeres suelen ver a través de eso, pero úsala como trampolín para tu coqueteo.

No seas un acosador

Parte del problema de coquetear con una vecina es saber exactamente dónde trazar la línea. Después de todo, ambos viven en el mismo vecindario. Probablemente la verás mucho, así que ten cuidado de no salirte de tu camino para verla. Hay una línea muy fina entre el coqueteo y el acoso.

Capítulo 12: Entornos no convencionales

Hasta ahora en este libro, hemos buscado los lugares más obvios para coquetear, tanto físicos como virtuales. ¿Pero qué hay de esos lugares que no son tan obvios, que no están fuera de los límites pero en los que la gente todavía no piensa típicamente?

Dependiendo de donde vivas, los lugares no convencionales pueden no ser los mejores para coquetear. En algunos casos, ni siquiera están disponibles. Las zonas rurales pueden tener algunos bares y restaurantes, pero aparte de eso, las opciones habituales son pocas y lejanas entre sí. Incluso en las ciudades, muchos restaurantes, bares y clubes pueden ser malos lugares para coquetear debido a la clase de gente -la clase de mujeres- que atraen. Es entonces cuando se necesita algo de creatividad.

Mercados de granjeros

¿Eres un fanático de la comida o de la salud? Entonces el mercado local de granjeros podría ser el lugar perfecto para que coquetees con las mujeres. Hay muchas mujeres a considerar, desde otros clientes hasta mujeres que corren o trabajan en puestos, y muchas oportunidades para el coqueteo verbal y no verbal. También es un espacio abierto que funciona a plena luz del día, lo que significa que las mujeres se sentirán más seguras y es menos probable que piensen que eres un bicho raro mientras no hagas o digas algo raro.

Ahora bien, un mercado de granjeros no es exactamente un lugar donde las mujeres esperarían ser golpeadas, por lo que no hay exactamente los mismos movimientos que se pueden utilizar en lugares como bares y clubes. Algunos son similares, sí, pero no todos los trucos del club funcionarán aquí. En cambio, tendrás que ser un poco más creativo con tu coqueteo, pero están ahí.

Con las mujeres vendedoras, dar cumplidos genuinos sobre sus productos puede ser un gran comienzo. Podrías entablar una conversación sobre lo bien que se ve la comida y sugerir que tal vez debas pasar por su puesto más a menudo. Pon algunas sutiles insinuaciones y dobles significados ahí, pero nunca hagas una broma sobre sus "melones". Te garantizo que los han escuchado un millón de veces antes, incluso si la gente no estaba coqueteando con ellas.

Cuando coquetees con otros clientes, aprovecha el hecho de que estás en un lugar que te es familiar. Pregúntales si han estado en un determinado puesto o han probado determinados productos. Si es su primera vez allí, ofréceles a mostrarles tus puestos favoritos y dónde pueden conseguir lo mejor de lo mejor.

Y no olvides mostrar *tus mercancías*. Cepilla tu mano contra la de ella mientras le muestras una manzana. Estira y agarra la sandía de la parte superior de la pila y ofrécele llevarla por ella si es demasiado pesada. Lo más importante, recuerda llevar algo bonito y apropiado. Como este es un lugar de reunión más casual, una camisa blanca limpia y un par de jeans harán maravillas para mostrar tus atributos, y te verás como en casa pero en un ambiente más agrícola.

Puntos calientes del turismo

Excepto en las zonas más rurales, en todas partes hay al menos un punto de atracción turística: museos, instalaciones de arte moderno, monumentos históricos, parques nacionales, etc. También son grandes lugares para conocer y coquetear con las mujeres. Tienes un tema de interés incorporado en el propio punto de interés, y las mujeres estarán ansiosas por aprender todo lo que puedan sobre él de un local como tú.

También hay una ventaja única en coquetear con mujeres que acaban de llegar de vacaciones. ¿Conoces la frase "Lo que pasa en Las Vegas, se queda en Las Vegas"? Lo mismo es cierto para la mayoría de las vacaciones. Las mujeres que vienen a estos lugares turísticos sólo buscan divertirse y relajarse, y eso podría hacerlas un poco más abiertas a coquetear. Incluso hay un poco de aventura en coquetear con una total desconocido en un viaje por carretera, siempre y cuando se sienta segura. Sólo recuerda que esto también significa que es menos probable que te busquen para algo serio, pero aún así es una gran práctica.

Si te llevas bien mientras coqueteas con una mujer en un lugar turístico, es más importante que nunca obtener su número de teléfono. De lo contrario, puede que nunca la vuelvas a ver.

Meetup.com

Antes en el libro, hablé de usar las reuniones para conocer nuevas mujeres. Meetup.com es un sitio en el que puedes hacer precisamente eso: encontrar gente en tu zona con los mismos intereses que tú y reunirte en grupo para discutir/participar en estos intereses. Puedes encontrar grupos para casi cualquier interés, desde fotografía y arte hasta aventuras al aire libre y comida. Todo lo que tienes que hacer es unirte al sitio, buscar un grupo o grupos que te interesen y conocer gente nueva.

Meetup.com es una interesante mezcla de coqueteo online y en persona. Primero hablas con las personas con las que te reunirás online, discutiendo tus gustos y objetivos comunes con la posibilidad -y la probabilidad- de conocerse en persona en algún lugar de tu ciudad. Luego se reúne un grupo que, si bien es menos íntimo, también es menos intimidante para las mujeres.

Con sitios como Meetup.com, tienes una doble ventaja: un punto en común garantizado con la mujer con la que coqueteas y un tema que conoces. Esos puntos combinados te darán muchas municiones y tal vez una excusa para que los dos se reúnan de nuevo después de la reunión.

Capítulo 13: Cómo coquetear con mujeres mayores

Hay muchos nombres para ellas. MILFs, Cougars, incluso GILFs (si no conoces ese, búscalo). Como sea que te importe describirlas, las mujeres mayores son increíbles para pasar el tiempo. Tienen experiencia de vida, son increíblemente interesantes para hablar y pasar tiempo con ellas y son absolutamente hermosas. Y el sexo es siempre espectacular.

Cuando acababa de salir de la universidad, salí con una hermosa mujer mayor de 40 años llamada Miriam. Aprendí mucho de ella sobre la vida, las mujeres y el sexo. Su experiencia y su perspectiva me ayudaron a pasar de ser un graduado universitario caliente y fresco a un hombre que entendía las necesidades físicas y emocionales de las mujeres.

Aunque cada mujer es obviamente diferente, podemos dividir a las mujeres mayores en dos categorías principales.

Las primeras son mujeres que buscan un juguete para niños y tal vez incluso quieran mimarte un poco. No se trata sólo de sexo y atracción física, pero eso es mucho. Las mujeres en esta categoría también podrían querer mostrarte un poco. Te comprarán regalos, joyas y ropa, así como te llevarán a eventos y fiestas. Incluso puede haber algunos aspectos en lo que quieran nutrirte y cuidarte.

El segundo grupo son las mujeres que buscan algo un poco más significativo pero lo quieren con un hombre más joven y sexy como tú.

Para algunas mujeres, la etiqueta de puma es negativa, mientras que otras la aceptan y la encuentran muy satisfactoria. No importa cuán atractiva sea una mujer, el hecho de que un hombre más joven la encuentre atractiva, sexy y vivaz, siempre será una excitación, incluso si no lo admiten externamente.

Otra gran cosa de coquetear con mujeres mayores es que lo disfrutan y normalmente son muy buenas en ello. A menudo, las mujeres mayores juegan más con las insinuaciones y se adelantan a lo que les gusta y no les gusta.

Por qué las mujeres mayores son especiales

Ellas saben lo que quieren

Las mujeres mayores tienen experiencia. No estoy hablando sólo de sexo. Me refiero al mundo y a la vida. Y esto normalmente significa que saben lo que quieren y van tras ello.

No les gusta jugar, pero aún así les gusta el juego de las citas. Disfrutan coqueteando tanto como cualquier otra persona y a veces pueden ser muy francas sobre sus necesidades y deseos.

Vas a aprender de ellas

De nuevo, no estoy hablando sólo de sexo. Tienen más experiencia. Tienen conocimiento del mundo, de los acontecimientos actuales, de las citas, y un sinfín de otros temas.

Están seguras

Las mujeres mayores están mucho más seguras en su personalidad y apariencia. Aunque pueden ser un poco sensibles a las canas o arrugas aleatorias, su experiencia de vida las hace ser más impredecibles.

No se trata sólo de las apariencias

Las mujeres mayores saben que hay más en un libro que su portada. Saben que la atracción no es sólo física, sino también lo que hay en tu cerebro.

Tienen gustos cultivados

Las mujeres mayores han tenido tiempo no sólo para aprender lo que les gusta en cuanto a cine, comida, arte y otros temas, sino que también han tenido tiempo para explorarlo y aprender más sobre sus intereses. Si les gusta un determinado autor, han tenido tiempo de leer todo su trabajo. O si hay un pintor que disfrutan, es porque tienen una vida de recuerdos y exposición.

Van a ser capaces de abrirte a un mundo de cultura y conocimiento que nunca podrías imaginar. Y de nuevo, ¡no sólo hablar de sexo!

Además, no van a pasar la noche tratando de publicar anuncios y crear algún tipo de impresión en las redes sociales. Son mucho más felices acurrucadas en una cabina de la esquina, tomando una copa y hablando.

Dónde conocer a las mujeres mayores

No es difícil conocer a mujeres de cualquier edad. Conocí a Miriam a través de una de sus compañeras de trabajo, una veterinaria y una amiga/vecina mía que mencioné en *Cómo Hablar con las Mujeres*. El hecho de que sean mayores no las hace más difíciles de encontrar, pero hay algunos lugares donde podrías tener una mejor oportunidad de iniciar una conversación.

Clases

No, no en la escuela, no estamos hablando de tu profesor (aunque no descartes la oportunidad si surge). Nos referimos a clases de educación para adultos como cocina, arte, preparación para los negocios u otras clases. En realidad es una gran manera de conocer a las mujeres en general, pero hay un mayor porcentaje de mujeres mayores atractivas que toman estas clases.

Librerías

Las librerías son un gran lugar para conocer a mujeres cultas y de cualquier edad, y a muchas mujeres mayores les gusta leer. Conocer mujeres aquí funciona mejor si ya eres un ávido lector, pero mientras tengas un par de libros que te hayan gustado lo suficiente para discutir, deberías ser capaz de empezar algo. Incluso podrías usar tu falta de lectura como excusa para pedirle a una atractiva mujer mayor algunas sugerencias sobre dónde empezar en un determinado género o para un determinado autor.

Tus mayores posibilidades de éxito vendrán si te apegas a los géneros que te interesan. Puede que haya mujeres mayores más atractivas en la sección de romance, pero si las historias de guerra son más lo tuyo, te quedarás sin cosas de las que hablar rápidamente, y pronto te quedarás sin nada más.

Parques para perros

Muchas mujeres mayores tienen perros u otras mascotas. Ahora bien, aunque quizás quieras desconfiar un poco de la mujer que está cubierta de pelo de gato, las mujeres que tienen perros suelen ser independientes, inteligentes y extrovertidas. Suelen ser más seguras y están listas para divertirse.

No les mientas trayendo el perro de tu amigo y fingiendo que es tuyo. Sé honesto. Si es tuyo, dilo, si es de un amigo, dilo, pero es una gran manera de entablar una conversación y abrir un poco el coqueteo.

Tampoco adoptes un perro u otra mascota sólo para conocer mujeres. Esto no es justo para la mujer, la mascota o para ti. Una mascota es un compromiso de por vida y merece tu amor por más tiempo del que se necesita para atraer la atención de una mujer. Sin mencionar lo mucho que una mujer te odiará si descubre que es la única razón por la que adoptaste un animal y lo inmaduro que las mujeres mayores te encontrarán como resultado.

Bares

Los bares pueden ser un buen lugar para conocer a mujeres mayores. Considera los bares de los restaurantes sin música alta, pero ten cuidado.

Las pumas y las MILF suelen tener muchas presiones de vida y compromisos de tiempo. Podrían tener trabajo o hijos, pero no suelen frecuentar bares varias veces a la semana como sus contrapartes más jóvenes. Si van a un bar, normalmente es para relajarse y porque están abiertas a conocer a alguien como tú.

Sin embargo, cuando hables con ellas, asegúrate de no hablar con la mujer que está en ese bar todas las noches en el mismo taburete. Podrías terminar comprando tragos toda la noche e irte a casa sin siquiera un número.

El Gimnasio

Esto es genial porque tienes la oportunidad de conocer mujeres que se cuidan a sí mismas y ya tienes un interés común. Si te ofreces a ayudar con un tema de entrenamiento, asegúrate de saber de qué estás hablando. Veo a los chicos acercarse a las chicas todo el tiempo tratando de explicar cosas que la mujer no quería saber. Incluso veo hombres fuera de forma que tratan de coquetear con mujeres en mejor forma que ellos explicándoles cómo hacer el ejercicio que ya están haciendo correctamente. En realidad es vergonzoso verlo como hombre.

Voluntariado

Desde el principio, el voluntariado es una gran cosa para hacer. Deberías hacerlo sólo para ser un buen ser humano. Pero también es un gran lugar para conocer a mujeres mayores.

Cuando las mujeres mayores tienen tiempo extra, les encanta hacer esto. Puedes dar tu tiempo también y ser capaz de conocerlas y demostrar que tienes algunas cualidades que les resultan muy atractivas mientras ayudas a otras personas.

Caminata y jogging

Donde vivo, tenemos un gran número de senderos donde la gente va a hacer sus ejercicios, y muchas de estas personas son mujeres mayores muy atractivas a las que les gusta salir al aire libre y hacer algo de ejercicio activo.

Este es un gran lugar para conocer y hablar con la gente. Las conversaciones fáciles sobre el sendero, el clima, la dificultad de la caminata pueden llevar a conversaciones más grandes y a grandes aperturas para coquetear y conocerse.

Iglesia

Admitiré que esto no es para todos. Si eres
religioso, entonces podría ser un buen lugar para
conocer a mujeres mayores. Sin embargo, debes
ser muy cuidadoso con tu coqueteo. Podría ir por
el camino equivocado rápidamente, y podrías ser
expulsado de tu lugar de culto.

Conversaciones con mujeres mayores

Si quieres tener una conversación con una mujer
mayor, ella definitivamente no va a querer
escuchar acerca de tu alto puntaje en X-Box o
cuántas cervezas te tomaste anoche. Por otro
lado, probablemente no quiera oír tus
pensamientos sobre el proceso de paz en Oriente
Medio.

Esa mujer va a querer tener una conversación con
alguien con opiniones y conocimientos. Así que,
asegúrate de venir habiendo hecho tus deberes.
Saber un poco sobre un montón de cosas.

Y si no sabes sobre algo que ella hace, usa eso.
¿Recuerdas que hablamos de escuchar? Este es
un gran lugar para usar esa habilidad.

Deja que te explique un concepto o algo de su
trabajo o vida. Escúchala y hazle preguntas. Esto
hará que se sienta apreciada y que sea valiosa por
su conocimiento sin que se sienta mayor por ello.

Su edad

No lo conviertas en un problema, pero no finjas
que no está ahí. Si ella lo menciona, haz
comentarios que no se nota o nunca lo hubieras
adivinado. Si sale y te pide que adivines su edad,
siempre modera tu suposición por unos años
hacia abajo. No seas idiota, sin embargo. No tires
un número con la mitad de su edad para tratar de
ser lindo.

Sólo ten cuidado con los comentarios que puedan
hacerla sentir que está fuera de contacto. No
digas cosas como "eso fue mucho antes de mi
tiempo" o "sólo había oído hablar de eso a mi
madre/padre/padres".

Su pasado

La experiencia y la sabiduría a veces pueden venir con hilos sueltos. Al igual que no hay que escarbar demasiado rápido con las mujeres jóvenes, no hay que fisgonear demasiado en los primeros años de una mujer mayor a menos que ella ofrezca información primero. Puede que no esté preparada para hablar de ello, o puede que no quiera hablar de ello a menos que esté segura de que se trata de algo más que de un coqueteo o de una aventura de una noche.

Hay algunas cosas que pueden surgir en el pasado de una mujer mayor que tienen menos probabilidades de aparecer con mujeres más jóvenes. Aunque esto puede ser un trauma o algo similarmente trágico, no siempre son malas. El remanente más común del pasado de una mujer mayor suele ser un niño o niños de una relación anterior. Puede entrar en pánico al pensar en esto, pero no necesariamente debes rechazar a las mujeres mayores por esta sola razón.

Miriam me habló de sus hijos en nuestra tercera cita. Internamente, me asusté un poco, pensando en que yo era apenas más que un niño y que era tan pronto en la relación, que probablemente podría salir y no habría resentimientos. Había algo en Miriam, sin embargo, así que decidí aguantar. Conocí a sus hijos, un par de chicos preadolescentes, y nos llevamos bien. Aunque pasaban cada dos semanas en casa de su padre, al otro lado de la ciudad, me gustaron mucho los hijos de Miriam. Incluso después de que la relación terminara, nos saludábamos cariñosamente cada vez que nos veíamos en el centro comercial o en el parque. Conocerlos me ayudó a superar mi miedo a tener hijos.

Si una mujer mayor te dice que tiene hijos al principio de la conversación, puede haber varias razones. Puede que no quiera sorprenderte con la verdad más tarde si la relación florece. Miriam me dijo que por eso me habló de sus hijos con su ex-marido en nuestra tercera cita, aunque estaba demasiado nerviosa para contármelo durante las dos primeras. Una mujer mayor también podría haber tenido experiencia con hombres, tanto jóvenes como de su misma edad, teniendo problemas para aceptar que tiene hijos y sólo quiere quitárselo de encima. Por el contrario, una mujer mayor podría decidir esperar para decírtelo y evitar asustarte.

Ya sea que lo mencione en su primera conversación o en su vigésima cita, es mejor dejar que la mujer mayor saque el tema de sus hijos cuando esté lista. Si lo menciona, no le des mucha importancia. No te escondas si no te gustan los niños, la honestidad es la mejor política, pero tampoco seas grosero. Di algo como "Oh, los niños no son lo mío", agradécele por su tiempo y sigue adelante o dile que estarías dispuesto a conocerlos si llega el momento.

Nada grande, sin compromisos, y sin grandes aspavientos. Recuerda, coquetear se supone que debe ser divertido.

Juega las cartas de confianza e independencia

Ya hemos visto antes cuánta confianza se necesita para coquetear y hablar con las mujeres, pero es un tipo diferente con las mujeres mayores.

La mayoría de las mujeres mayores quieren un hombre independiente y seguro de sí mismo. Aunque les gusta la exuberancia juvenil (y tu cuerpo), no quieren oír hablar de tus compañeros de piso, de los videojuegos o de que probablemente te retrasarás en el alquiler este mes.

Toy Boy

Ya he hablado de esto un poco antes. Así como a muchos hombres mayores les gusta tener a una mujer más joven en sus brazos, algunas mujeres mayores quieren lo mismo con su propio juguete personal.

Esto puede o no ser para ti. También depende de lo que estés buscando. Si estás buscando un momento de diversión con muy pocas condiciones, entonces aquí tienes.

Sin embargo, al igual que el hombre mayor con la mujer más joven que sólo se preocupa por la apariencia, puede que no tengas mucho de qué hablar. Si estás buscando una relación significativa, vas a tener que aportar más y asegurarte de que eso es lo que ella está buscando. Muy a menudo, una mujer mayor que tú sólo busca pasar un buen rato.

Capítulo 14: Cómo coquetear mientras se viaja

Ya sea que estés en un avión o esperando en una terminal u otra forma de viaje, es un gran lugar para entablar conversaciones y coquetear un poco.

Mientras que sentarse junto a una mujer asombrosa en el avión, hablar todo el vuelo e intercambiar números, no siempre sucede; puede que necesites ser un poco más creativo.

Prueba una aplicación

Antes mencioné varias aplicaciones, incluyendo una llamada Happn. Prueba esto mientras está en el aeropuerto, especialmente si tienes una escala o una larga espera antes de tu vuelo.

Happn te mostrará quién está cerca de la terminal. Podrás usarlo para entablar una conversación divertida con una agradable viajera que también está esperando su vuelo. También es una gran manera de conocer a las azafatas que están en la terminal y buscan algo de conversación.

También puedes hacerlo con aplicaciones como Tinder, pero no te dan la ubicación geográfica real como hace Happn. Después de unos minutos de memoria intermedia, la aplicación te mostrará la ubicación en la que casi te encuentras con el otro a unos metros de distancia. Si ambos se conectan (se pasan la mano), pueden acordar volver a encontrarse en el lugar donde casi se conocieron.

Auxiliares de vuelo

Ah, las camareras del cielo.

Ahora, no quiero decir esto como un comentario degradante de ninguna manera. Las azafatas trabajan muy duro, soportan a muchos viajeros molestos y tienen mucho con lo que lidiar. Lo digo en el sentido de que si vas a tratar de coquetear con ellas, son como las camareras. Trabajan, tienen muchas cosas en la cabeza, y probablemente les pasa varias docenas de veces al día que algún tipo cree que puede hacerlas perder el control.

- Muchas azafatas de vuelo llevan etiquetas con su nombre. Si no, pídelo educadamente. Usa su nombre cuando le hables, pero no lo hagas de forma espeluznante. Sonríe cuando digas su nombre, eso hará que le gustes.
- Intenta hacer una pregunta legítima sobre el vuelo o el aeropuerto de llegada, pero asegúrate de que es algo de lo que sabrás la respuesta o que podrás averiguar fácilmente. No le preguntes nada estúpido

o eso será una pérdida de tiempo. Intenta hacer una pregunta que pueda abrir una oportunidad para hablar, como si alguna vez has pasado tiempo en el destino al que vas y puedes recomendar lugares para comer o hacer cosas.

* Conócela. Hazle preguntas reales. Las azafatas son personas como tú, y tienen una vida fuera del trabajo. Es un problema común que los hombres a menudo sólo piensan en ellas como su empleo, similar a una camarera o un bartender. No querrás hablar sólo de tu trabajo, ¿verdad?

* No menciones el Club Mile-High. Han escuchado todos los chistes, y lo más probable es que termine la conversación en ese momento. Si decides ir por ese lado, será mejor que sea el comentario más inteligente, divertido o astuto que la azafata haya escuchado.

* Escucha los códigos y las señales. Las azafatas tienen su propio lenguaje, así que los pasajeros no saben de qué están hablando. A veces revelan de quién hablan con pistas como el número del asiento, pero podrían ponerlo con un país. Algo

como "Estoy interesado en ir a Canadá en seis días". Si estás en el asiento 6C y te están mirando, podrían estar hablando de ti.

- Los vuelos internacionales siempre serán una mejor oportunidad. Mientras que los asistentes aún tienen sus obligaciones, un mayor tiempo en el aire significa que tienes más oportunidades de hablar y conversar.

- Ofrecerte a ayudar cuando sea apropiado. Cuando te subas a un avión, busca la oportunidad de apartarte de una buena manera. Sonríe y sé amable. No sólo con la tripulación, sino con los demás pasajeros. Si alguien tiene dificultades para llevar su equipaje al compartimento superior, echa una mano. Ofrécete para dejar pasar a la gente en lugar de hacer que se arrastren sobre ti. Estas cosas son notadas por las azafatas y harán maravillas con la forma en que te ven.

- Empieza con algo pequeño. No te lances a una gran conversación justo cuando el avión se está preparando para despegar.

Ofrece comentarios y chistes breves e ingeniosos. Mantente ligero y divertido.

- Sé educado. Di por favor y gracias.
- No la felicites por su uniforme. Y mantente alejado de las preguntas habituales sobre si le gusta su trabajo o debe ser divertido viajar. Ella las ha escuchado miles de veces.
- Recuerda siempre que está trabajando. Si la llaman o está haciendo algo mientras intentas hablar, es tu señal para que vuelvas a tu asiento. Si está interesada, pasará por tu asiento y lo sabrás.
- Un truco que aprendí de una azafata conocida mía es ponerte siempre los zapatos cuando vas al baño. Además del factor sorpresa, también les muestra que eres cortés con los demás. Además, ¿quién quiere pisar algo en calcetines en el baño? Eww.
- Busca una oportunidad real. Si dice que tiene una escala en tu aeropuerto, invítala a tomar una copa antes de salir. Asegúrate de que se ajuste a su horario porque las azafatas pueden estar muy ocupadas, pero

también pueden tener largos períodos de tiempo sin actividad.

- No le pidas su número. Dale el tuyo. Y no lo hagas hasta el final del vuelo o cuando parezca apropiado… especialmente si ella te lo pidió.

- No llames a la azafata. Este era un término comúnmente usado en el pasado, pero ahora es visto como un término despectivo en esta profesión y puede incluso ir en contra de su virtud personal. Se considera que los degrada a ser sólo un dulce para la vista, a pesar de que su trabajo es mucho más importante que eso hoy en día. Es mucho mejor preguntarles sus nombres y llamarlas así.

Busca las señales de que está interesada:

- Estás recibiendo mucha atención. Sabemos que es el trabajo de una azafata, pero se nota cuando pasa más tiempo comprobando tus necesidades.

- Compara cómo te trata con los demás a tu alrededor. Si parece ignorarlos, incluyendo a tu propio compañero de asiento, algo podría pasar.

- Si te ofrecen bebidas extras o te dan una, es una señal de que eres más que un pasajero promedio para ellas.
- Actualizaciones al azar. A veces sucede que vienen y te piden que recojas tus cosas para ponerte en primera clase. Me ha pasado varias veces.

Una última nota: si te da una servilleta, compruébala siempre antes de tirarla. He visto a hermosas azafatas de vuelo pasar su número a los chicos y ni siquiera se dieron cuenta de que estaba en la servilleta!

Coqueteando con los locales

Cuando viajas al extranjero, no significa que no puedas coquetear. De hecho, es una excelente oportunidad. Muchas mujeres en otros países aman a los hombres americanos y les encanta hablar con ellos.

Aprende algunas palabras en el idioma local

No tienes que ser competente, pero aprende algunas frases útiles como "Hola" y "Gracias" y tal vez aprende algo coqueto como "Tienes un cabello precioso".

Ten cuidado con lo que estás tratando

En algunos países, ser americano significa automáticamente que tienes dinero. En otros lugares, las mujeres te verán como un billete a América. Ten cuidado de que no te aprovechen, ya sea emocional o criminalmente.

Usa tu unicidad

Especialmente en Asia, un americano es exótico sólo de vista. Siendo alto, cada vez que visito Asia, soy siempre el centro de la atención. Tenía un amigo afroamericano con el que las mujeres siempre querían tocarle el pelo.

En otros países, una vez que digas unas palabras, será obvio que no eres de allí. ¡Usa esto! ¿Sabes que las mujeres en América se vuelven locas por

los hombres extranjeros? Bueno, ahora es tu
turno de ser el única y conseguir toda esa
atención.

Sé observador

Siempre debes saber dónde está tu billetera y tu
pasaporte y nunca permitas que nadie más los
tenga.

Además, en ciertos países de Asia, ten en cuenta
que la chica con la que estás hablando puede ser
en realidad un tipo muy femenino. Además, ten
en cuenta que las mujeres demasiado amigables
pueden ser prostitutas. No querrás terminar en la
cárcel en otro país, ser robado o algo peor.

Lenguaje corporal

Esto es diferente en cada país. Confía en mí.

Hace unos años, viajé a Rusia por negocios.
Mientras estaba allí, tuve la suerte de tener una
encantadora joven que fue mi guía y traductora.
Así que ella pudo explicarme cómo la gente me
percibía a mí y a mis acciones.

Una de las cosas que hice fue sonreír a la gente, especialmente a las mujeres. Sin embargo, no obtuve la respuesta que esperaba. La gente me miraba de forma extraña y rara vez devolvía la sonrisa. Finalmente le pregunté a mi guía, y la respuesta fue muy impactante.

En Rusia, la gente no sonríe tanto públicamente. En los Estados Unidos, lo usamos como un saludo no verbal. Caminamos por la calle y sonreímos a los transeúntes. Pero en Rusia, no creen en la sonrisa a menos que uno esté genuinamente feliz por algo o por hablar con alguien. Para los rusos, es casi como si sólo hubiera un número limitado de sonrisas, así que las guardan.

Le pregunté a mi guía qué pensaba la gente de mí cuando sonreía a los extraños. Se rió y trató de encontrar las palabras correctas en inglés. "Piensan que estás loco de remate", me explicó, y ambos nos reímos.

Así que asegúrate de saber algunas cosas sobre las costumbres locales y el lenguaje corporal.

Aquí hay algunos ejemplos:

* **Albania-** Sí y no, en términos del gesto, son opuestos. Sacudir la cabeza significa sí y asentir con la cabeza significa no.
* **Japón-** El contacto visual puede ser visto como algo incómodo. Los gestos amplios con las manos y los brazos también se consideran groseros.
* **Países musulmanes-** Usar la mano izquierda para acciones como comer está mal visto. También se considera muy grosero cruzar las piernas y apuntar el alma de tu zapato a una persona.
* **Tailandia-** Se considera de mala educación tocar la cabeza de la gente. También es descortés señalar.
* **India-** Las muestras públicas de afecto están mal vistas. Además, el saludo con la mano americana se ve como "vete".
* **Argentina, Cuba y Brasil-** El clásico dedo meñique e índice de heavy metal expuesto (también el símbolo del cuerno largo) significa algo completamente diferente en estos países. En realidad es una señal para decirle a alguien que su pareja lo está engañando.

- **Gran Bretaña-** Si haces la señal de paz con dos dedos, pero el dorso de tu mano es hacia una persona, significa que le estás diciendo que vale $%#.
- **Corea-** Mantener las manos en los bolsillos se considera un signo de arrogancia.
- **Grecia-** Si juegas con tu mano en la posición de "Habla con la mano", en realidad les estás diciendo algo similar a "Voy a frotarte heces en la cara".
- **África Oriental-** El signo de "pulgares arriba" en realidad significa "arriba tu".

Un último recordatorio antes de la conclusión

¿Has cogido tu recurso gratuito?

Se ha controlado mucha información en este libro. Como ya he compartido anteriormente, he creado un sencillo mapa mental que puedes utilizar _inmediatamente_ para entender, recordar rápidamente y utilizar fácilmente lo que has aprendido en este libro.

Si no lo has cogido...

Haz clic aquí para obtener tu recurso gratuito

Alternativamente, aquí está el enlace:

https://viebooks.club/recursogratuitomapamentaldecomocoquetearconlasmujeres

Obtén tu recurso gratuito ahora!

Conclusión

En este libro, expuse algunas formas muy
específicas de cambiar tu enfoque del coqueteo,
pero siempre recuerda que lo más importante es
la confianza y el escuchar.

Si crees en ti mismo, esa confianza interior se
mostrará a los demás. No sólo a las mujeres, sino
a todos con los que interactúas.

En cuanto a tu capacidad de escuchar, recuerda lo
importante que es. Es cómo puedes mantenerte
en una posición de poder cuando coqueteas,
ajustando continuamente tu juego en base a la
información que recibes. De nuevo, la confianza,
te ayudará en todas las etapas de tu vida.

Con estas habilidades y una saludable dosis de
respeto por el sexo opuesto, ¡estás en camino de
tener éxito en el coqueteo y la conversación!

Te insto a que consigas mis libros ***Cómo Hablar
con las Mujeres*** y ***Cómo Atraer a las
Mujeres***. Entré en detalles mucho más

profundos sobre cómo tener conversaciones, romper el hielo, y conseguir e ir a esa primera cita. También entro mucho más en algunos de los temas de la mentalidad con los que probablemente estés lidiando y que te impiden ser el hombre más realizado que puedas ser.

¡Mucha suerte!

Sinceramente,

Ray Asher

P.D.

Si ha encontrado este libro útil de alguna manera, una reseña en Amazon es muy apreciada.

Esto significa mucho para mí, y estaré muy agradecido.

Notas

[1] Jeffrey Hall (2014). "Coqueteo difícil de detectar". *The University of Kansas* (2014).

[2] Jeffrey Hall. "Mala comunicación del coqueteo. " *The Academic Minute, A WAMC National Production, The University of Kansas* (2015)

Más libros de Ray Asher

Cómo Hablar con las Mujeres: Consigue que Le Gustes Sin Esfuerzo, con una Conversación Divertida y ¡Nunca Te Quedes Sin Nada que Decir! Cómo Acercarse a las Mujeres (Consejos De Citas para Hombres)

Descubre Cómo Dominar el Arte de la Conversación, Comprometerte Sin Esfuerzo y Conectar Profundamente con

las Mujeres y Mejorar Drásticamente Tus Citas!

¿Cansado de congelarte cuando estás cerca de una mujer atractiva con la que quisieras hablar?

¿Sueles quedarte sin cosas que decir cuando hablas con una mujer, sólo para ver cómo pierde lentamente el interés?

Si quieres dejar todo esto en tu vida, entonces sigue leyendo...

Aprender a hablar con las mujeres sin esfuerzo y conseguir que se abran a ti es una habilidad que muy pocos hombres tienen y pueden abrir un mundo que no sabían que existía.

Es más probable que las mujeres te hagan favores e incluso que salgan contigo si sabes cómo conectarte adecuadamente con ellas.

Y no tiene por qué ser difícil.

En esta poderosa guía, Ray Asher condensa sus
años de luchas, pruebas y errores y su eventual
descubrimiento de los secretos de como
conectarse profundamente con las mujeres
usando el poder de la conversación para ayudarte
a traer a tu vida el tipo de mujeres que deseas.

***Cómo Hablar con las Mujeres*, el único
libro que necesitarás para conectar con las
mujeres a un nivel que nunca antes habías
experimentado.**

Aquí tienes una muestra de lo
que descubrirás dentro de
Cómo Hablar con las Mujeres:

* Los 4 temas de conversación seguros que
  son universalmente atractivos para las
  mujeres
* 5 maneras infalibles de tener
  conversaciones memorables con mujeres
* Consejos sencillos para evitar que una
  mujer se apague con "explicaciones de
  hombres"

* Una plantilla de conversación efectiva para que nunca te quedes sin cosas que decir

* 10 poderosos consejos de escucha para hacer que una chica se sienta completamente comprendida por ti

* Métodos fáciles para hacer que ella hable de temas sexuales contigo

* Cómo superar la pequeña charla y entrar en una conversación profunda con una mujer

* 6 temas a evitar como la peste en una conversación con una mujer que te interesa

* Cómo contar una historia increíblemente buena que la haga aferrarse a cada una de tus palabras

* Consejos profesionales para ayudarte a pedirle cualquier cosa sin problemas

Y mucho, mucho más…

Ya sea que no tengas ni idea de lo que significa para las mujeres o que quieras mejorar tus habilidades de conversación con ellas, esta guía te

ayudará a comenzar el camino hacia una versión
más encantadora y atractiva de ti mismo.

Si estás listo para aprender finalmente a hablar
con las mujeres sin esfuerzo y atraerlas sin sudar
y despedirte de la timidez abrumadora, ahora es
el momento.

Cómo Atraer a las Mujeres: Disfruta el Tener Citas y Relaciones Sin Mucho Esfuerzo! Atrae a las Mujeres Sabiendo lo Que Buscan en un Hombre (Psicología Femenina para Entender a las Mujeres)

¿De Verdad, De Verdad, Sabes lo Que las Mujeres Buscan en un Hombre?

¿Estás soltero en contra de tu voluntad?

¿Luchas para atraer a las mujeres?

¿Sientes que todas las mujeres que te gustan están fuera de tu alcance?

Si quieres dejar todo esto en tu vida, entonces sigue leyendo…

A las mujeres no les importa esa elegante frase para ligar que has encontrado en Internet. No quieren que las pongas en un pedestal y las adores ciegamente.

Sin embargo, hay comportamientos y habilidades que las atraen como las flores atraen a las abejas - y a menudo no son los comportamientos que TU piensas que son sexys.

Cuando Ray Asher empezó a salir, no era popular entre las mujeres. Trató de ser amable, ser malo, jugar juegos, usar la última moda, memorizar sofisticadas líneas de ligue… pero nada funcionó. ¡Por lo tanto, comenzó a estudiar a las mujeres para descubrir lo que REALMENTE buscan en un hombre… y llegó a muchos descubrimientos sorprendentes!

En *Cómo Atraer a las Mujeres*, descubrirás los secretos para atraer a las mujeres de todas las ciudades del planeta, crear una fuerte tensión sexual con las mujeres más calientes del mundo y construir una relación con la mujer de tus sueños!

Aquí tienes una muestra de lo que descubrirás dentro de *Cómo Atraer a las Mujeres:*

- Las mujeres quieren un buen tipo, no un tipo bueno. ¡Aprende la diferencia y muéstrales a las mujeres lo bueno que eres!
- Algunos de los comportamientos que llamarías "masculinos" en realidad asustan a las mujeres, ¡conócelos y aprende de ellos!
- Las mujeres se sienten atraídas por ciertas habilidades y aficiones - aprende exactamente qué habilidades vale la pena practicar y demostrar

- Descubre el único método probado para matar la ansiedad de la aproximación de una vez por todas
- Entrénate para tener confianza en ti mismo - sólo lee la guía paso a paso, ponla en acción y disfruta de la confianza alrededor de las mujeres!
- Comprende cómo enviar mensajes de texto y comunicarte de manera seductora
- Descubre lo que las mujeres realmente disfrutan en la cama y evita los errores que podrían arruinar tu relación!

Y mucho, mucho más...

Las vírgenes se convirtieron en muestras de la recolección... de los rompecorazones por encontrar el amor de sus vidas... amigo que te han dejado en la *friend zone*... este libro te dará todo el conocimiento que necesitas, todo lo que tienes que hacer es EJECUTAR.

¿Puedes imaginarte tu vida con confianza y abundancia de mujeres? Si un hombre lo hizo, entonces tú también puedes. Ahora es tu momento.

* 9 7 9 8 6 6 6 9 7 7 1 6 3 *